PSYCHODYNAMIK **Kompakt**

Herausgegeben von
Franz Resch und Inge Seiffge-Krenke

Kai Rugenstein

Die Sexualität der Psychoanalyse

Zur Bedeutung des Sexuellen in Theorie und Behandlungstechnik

Mit 3 Abbildungen und einer Tabelle

Vandenhoeck & Ruprecht

Bibliografische Information der Deutschen Nationalbibliothek:
Die Deutsche Nationalbibliothek verzeichnet diese Publikation in der
Deutschen Nationalbibliografie; detaillierte bibliografische Daten sind
im Internet über https://dnb.de abrufbar.

© 2021, Vandenhoeck & Ruprecht GmbH & Co. KG,
Theaterstraße 13, D-37073 Göttingen
Alle Rechte vorbehalten. Das Werk und seine Teile sind urheberrechtlich
geschützt. Jede Verwertung in anderen als den gesetzlich zugelassenen Fällen
bedarf der vorherigen schriftlichen Einwilligung des Verlages.

Umschlagabbildung: Paul Klee, Pferd und Mann, 1925/akg-images
Bildnachweise: Seite 13: © Freud Museum London; Seite 59: © Christine Böhme,
Berlin

Satz: SchwabScantechnik, Göttingen
Druck und Bindung: ⊕ Hubert & Co. BuchPartner, Göttingen
Printed in the EU

Vandenhoeck & Ruprecht Verlage | www.vandenhoeck-ruprecht-verlage.com

ISSN 2566-6401
ISBN 978-3-525-40710-3

Inhalt

Vorwort zur Reihe 7

Vorwort zum Band 9

1 Einleitung: Eine sexuelle Sache 12

2 Historisches: Die Erfindung der Sexualität 19

3 Die Sexualität und das Sexuelle 22
   3.1 Ordnung und Gewirr 22
   3.2 Sprachlose Sexualität 25
   3.3 Ist für die Psychoanalyse alles sexuell? 26

4 Theorie: Das Sexuelle als Gegenstand der Psychoanalyse ... 28
   4.1 Drei Abhandlungen anstatt einer Theorie 29
   4.2 Die doppelte Sexualität des Menschen: Sexualtrieb und Sexualinstinkt 33
   4.3 Der Ursprung der Sexuellen: Sexualität und Bindung 37
   4.4 Verwirrung um das Sexuelle: Sexualität, Eros und Liebe 47
   4.5 Ödipus: Ein psychoanalytischer Mythos 49
   4.6 Sexualtheorie als Konflikttheorie 50

5 Praxis: Das Sexuelle in der psychoanalytischen Behandlungstechnik 52
   5.1 Im Bottich: Das psychoanalytische Setting als sexueller Ort 54

5.2	Psychodynamik: Die Bewegungen des Sexuellen im psychoanalytischen Prozess	60
5.3	Zweideutigkeit: Das Sexuelle zur Sprache kommen lassen	63
5.4	In der Übertragungsliebe	66
5.5	Begehren und Abstinenz des Analytikers	68
5.6	Die Erotik des Nichtwissens	70

6 Das Sexuelle in der Psychoanalyse: Zehn Prinzipien 72

Literatur 74

Vorwort zur Reihe

Zielsetzung von PSYCHODYNAMIK KOMPAKT ist es, alle psychotherapeutisch Interessierten, die in verschiedenen Settings mit unterschiedlichen Klientengruppen arbeiten, zu aktuellen und wichtigen Fragestellungen anzusprechen. Die Reihe soll Diskussionsgrundlagen liefern, den Forschungsstand aufarbeiten, Therapieerfahrungen vermitteln und neue Konzepte vorstellen: theoretisch fundiert, kurz, bündig und praxistauglich.

Die Psychoanalyse hat nicht nur historisch beeindruckende Modellvorstellungen für das Verständnis und die psychotherapeutische Behandlung von Patienten und Patientinnen hervorgebracht. In den letzten Jahren sind neue Entwicklungen hinzugekommen, die klassische Konzepte erweitern, ergänzen und für den therapeutischen Alltag fruchtbar machen. Psychodynamisch denken und handeln ist mehr und mehr in verschiedensten Berufsfeldern gefordert, nicht nur in den klassischen psychotherapeutischen Angeboten. Mit einer schlanken Handreichung von 70 bis 80 Seiten je Band kann sich die Leserin, der Leser schnell und kompetent zu den unterschiedlichen Themen auf den Stand bringen.

Themenschwerpunkte sind unter anderem:
- *Kernbegriffe und Konzepte* wie zum Beispiel therapeutische Haltung und therapeutische Beziehung, Widerstand und Abwehr, Interventionsformen, Arbeitsbündnis, Übertragung und Gegenübertragung, Trauma, Mitgefühl und Achtsamkeit, Autonomie und Selbstbestimmung, Bindung.
- *Neuere und integrative Konzepte und Behandlungsansätze* wie zum Beispiel Übertragungsfokussierte Psychotherapie, Schematherapie,

Mentalisierungsbasierte Therapie, Traumatherapie, internetbasierte Therapie, Psychotherapie und Pharmakotherapie, Verhaltenstherapie und psychodynamische Ansätze.
- *Störungsbezogene Behandlungsansätze* wie zum Beispiel Dissoziation und Traumatisierung, Persönlichkeitsstörungen, Essstörungen, Borderline-Störungen bei Männern, autistische Störungen, ADHS bei Frauen.
- *Lösungen für Problemsituationen in Behandlungen* wie zum Beispiel bei Beginn und Ende der Therapie, suizidalen Gefährdungen, Schweigen, Verweigern, Agieren, Therapieabbrüchen; Kunst als therapeutisches Medium, Symbolisierung und Kreativität, Umgang mit Grenzen.
- *Arbeitsfelder jenseits klassischer Settings* wie zum Beispiel Supervision, psychodynamische Beratung, Soziale Arbeit, Arbeit mit Geflüchteten und Migranten, Psychotherapie im Alter, die Arbeit mit Angehörigen, Eltern, Familien, Gruppen, Eltern-Säuglings-Kleinkind-Psychotherapie.
- *Berufsbild, Effektivität, Evaluation* wie zum Beispiel zentrale Wirkprinzipien psychodynamischer Therapie, psychotherapeutische Identität, Psychotherapieforschung.

Alle Themen werden von ausgewiesenen Expertinnen und Experten bearbeitet. Die Bände enthalten Fallbeispiele und konkrete Umsetzungen für psychodynamisches Arbeiten. Ziel ist es, auch jenseits des therapeutischen Schulendenkens psychodynamische Konzepte verstehbar zu machen, deren Wirkprinzipien und Praxisfelder aufzuzeigen und damit für alle Therapeutinnen und Therapeuten eine gemeinsame Verständnisgrundlage zu schaffen, die den Dialog befördern kann.

Franz Resch und Inge Seiffge-Krenke

Vorwort zum Band

Sexualität ist eine begriffliche Erfindung des 19. Jahrhunderts. Der Begriff umfasste alle Formen der sich nicht nur auf Fortpflanzung beschränkenden Praktiken sexueller Lustfindung und gewann zunehmend an Bedeutung. Vor allem das Irritierende, Anstößige und Abweichende sollte damit in seiner »beunruhigenden Existenz« nicht nur zur Kenntnis genommen werden, sondern auch eine Benennung finden. Im bürgerlichen Ordnungssystem des 19. Jahrhunderts bedeutete dies den Versuch, über das Bedrohliche ungezügelter Unzweckmäßigkeit die Oberhand zu gewinnen. Nach Foucault ging die Erfindung der Sexualität mit »ihrer Regulierung und Disziplinierung« einher.

Exakte Definitionsversuche der Sexualität, die sich mit der Zählung von Orgasmen, Sexualpartnern und Stellungen einem Theoriegebäude zu nähern versuchten, blieben hilflos und unangemessen angesichts der Tatsache, dass im Sexuellen immer ein »unbequemer Rückstand« sich der Einordnung widersetzt. Freud machte die Sexualität zu seinem zentralen Thema der Psychoanalyse, die damit auch eine »Emanzipationsbewegung aus dem Einfluss Charcots« wurde. Die Spannung zwischen Chaos und Rationalität erfasste Freud in der Dynamik der beiden Modi des psychischen Funktionierens, die er Primärprozess und Sekundärprozess nannte. Sexualität zeigt sich uns mit einem Januskopf: als ein »Organisationsprinzip« und als das, »was es zu organisieren gilt«.

Mit revolutionärer Kraft hat Freud seine Überlegungen zur Bedeutung der Sexualität für die menschliche Entwicklung in den »Drei Abhandlungen zur Sexualtheorie« (1905d) niedergelegt. Er ging damit einen Weg von der Sexualpathologie eines Krafft-Ebing zu einer Sexualanthropologie, in der deutlich wurde, dass weder Ziel noch Objekt menschlicher Sexualität instinkthaft festgelegt sind, sondern eine »erstaunliche Variabilität« über die Entwicklung vom Kind zum Erwachsenen existieren kann. Kai Rugenstein zieht einen Vergleich mit dem Hunger – während das Hungergefühl die für das Überleben notwendige Nahrungsaufnahme bewirkt und damit dem Instinkt mit fixer Zielgebundenheit zugeordnet werden kann, entspricht der Appetit mit dem Ziel des Lustgewinns eher dem sexuellen Trieb, wobei er mehr einer Wunscherfüllung denn einem konkreten realen Objekt dient.

Darüber hinaus wird die Überlegung angestellt, dass Bindung und Trieb kein Gegensatzpaar darstellen müssen, sondern als zwei Gesichtspunkte ein und derselben Sache begriffen werden können. Eine solipsistische Fokussierung auf die psychobiologischen angeborenen Wurzeln des Triebes übersieht dabei die andere Person, die – schon vom Säuglingsalter an – instinkthaft zur Selbsterhaltung gesucht wird. Der Autor entscheidet sich für den Weg einer intersubjektiven Triebtheorie. Auf Laplanche bezogen argumentiert er, dass die anthropologische Grundsituation des Kindes in seiner Begegnung mit dem Erwachsenen den Ausgangspunkt für die »Entstehung des Sexuellen« bildet. Das eigene Unbewusste des Kindes entsteht aus dem Kontakt mit dem Anderen. »*Das erworbene Sexuelle*« kommt in dieser Vorstellung seltsamerweise »*vor dem Angeborenen*«. In dieser Begegnung des Kindes mit einem Erwachsenen, der auch einmal Kind war, enthüllt sich die fundamentale Asymmetrie dieser Beziehung. Ist das eigene Unbewusste also nicht der Kern des Eigenen, sondern das Andere in einem selbst? Ist der Konflikt des Ichs mit dem Sexuellen das »Bemühen, den Anderen im eigenen Inneren in Schranken zu halten«? Wenn also diese tiefsten Konfliktlagen nicht Natur, sondern sozialisierte Konflikte sind, kommt dem Erwachsenen im Umgang mit dem Kind eine enorme Verantwortung zu!

Die Praxis der Psychoanalyse oszilliert zwischen Schutz und Entfesselung des sexuellen Unbewussten. Es geht darum, »eine Einfassung zu finden, in der es möglich ist, sich aus der Fassung bringen zu lassen«. Laplanche liefert dazu die Metapher des Bottichs. Ist die Verfolgung des Primärprozesses immer eine Bewegung des Sexuellen im psychoanalytischen Prozess? »Ungesättigte« Deutungen äußern sich eher als Andeutungen und sind den »gesättigten« Deutungen vorzuziehen, indem sie zur Weiterentwicklung anregen und nicht den Gedankenfluss durch fixierende Erklärungen unterbrechen.

Der Autor spricht sich für eine »Erotik des Nichtwissens« aus. Es ist wichtiger, von seinen Lehrern zu lernen, wie Sehen funktioniert, als zu erfahren, was es zu sehen gilt. Zehn Prinzipien zur Rolle des Sexuellen in der Psychoanalyse heben im vierten Punkt hervor, dass das Übertreten neurotischer Beschränkungen hinein ins Freie auf einen sicheren Rahmen angewiesen ist. »Am Ende sollte etwas zu wünschen übrig gelassen werden«. Ja – und auch ein Raum für Diskussion dieser anregenden Überlegungen.

Inge Seiffge-Krenke und Franz Resch

1 Einleitung: Eine sexuelle Sache

»C'est toujours la chose génitale, toujours … toujours … toujours.« – Es sei immer die Sache mit den Genitalien. Immer, immer, immer! So überliefert Freud (1914d, S. 51) die Universalätiologie der Neurosen, welche er in der »zauberhaft anziehenden und abstoßenden Stadt« Paris (Freud, 1960a, S. 189) aufschnappte. Im Januar 1886 war der 29-Jährige dort Gast eines jener Empfänge, zu denen der als »Napoleon der Neurosen« (Hustvedt, 2011, S. 15) gefeierte Neurologe Jean-Martin Charcot regelmäßig an Dienstagabenden in seine palastartige Villa am Boulevard Saint-Germain lud. Gekleidet im Frack, aufgeregt angesichts der sozialen Herausforderung und daher gestärkt mit »[e]twas Cocain, um das Maul öffnen zu können« (Freud, 1960a, S. 199), konnte Freud dort ein Gespräch zwischen dem Hausherrn und dem Rechtsmediziner Paul Brouardel belauschen, in welchem Ersterer angeblich auf die *chose génitale* hinwies. Charcot habe es sich dabei nicht nehmen lassen, seine provokante Botschaft dadurch noch zu unterstreichen, dass er die Hände vor dem Schoß kreuzte und mehrmals lebhaft auf- und niederhüpfte, so als wolle er sichergehen, dass ja kein Missverständnis über die zur Debatte stehende Sache aufkomme.

»Ich habe […] einen Lehrer gefunden, Charcot, wie ich ihn mir immer vorgestellt«, gibt Freud 1886 beglückt in einem Brief kund (Freud, 1960a, S. 228). Später offenbarte er dem französischen Journalisten Raymond Recouly in einem Interview, dass die Lektionen eben dieses Lehrers den »point de départ« (Freud, 1923j, S. 4), den Ausgangspunkt der gesamten psychoanalytischen Theorie mit ihrem Leitmotiv, der Sexualität, gebildet hätten. Und um zu verdeutlichen, dass es hierbei möglicherweise weniger um den realen Charcot, der nie etwas über eine sexuelle Ätiologie der Neurosen publiziert hat (Barker, 2015), sondern vielmehr um Freuds inneres Bild seines ganz persönlichen Charcot gehe, verwies er den Interviewer zur Illustration seiner Behauptung nicht etwa auf das ihm vom Autor handschriftlich gewidmete Exemplar der neunbändigen Ausgabe von Charcots »Œuvres complètes«, welches in seiner Bibliothek zur Schau gestellt war (Davies u. Fichtner, 2006), sondern er zeigte auf ein Bild, welches einen Ehrenplatz an den Wänden seiner Praxis einnahm. Allen an der Ikonografie der Psychoanalyse Interessierten ist es bekannt, als *das* Bild über *der* Couch: Eugène Pirodons lithografische Reproduktion des Gemäldes »Une leçon clinique à la Salpêtrière« von André Brouillet (siehe Abbildung 1). Das Bildnis präsentiert Charcot lehrend während einer jener Dienstagsvorlesungen, deren begeisterter Hörer Freud im Wintersemester 1885/86 selbst war (Freud, 1956a). Doch zeigt es nicht auch eine sexuelle Szene?

Abbildung 1: *Das* Bild über *der* Couch: Eugène Pirodons Reproduktion von André Brouillets Ölgemälde *Une leçon clinique à la Salpêtrière*, Lithografie, 1888, Freud Museum, London

Imposant groß, gibt Brouillets 290 cm mal 430 cm messendes Gruppenporträt eine öffentliche Veranstaltung mit 31 Beteiligten in einem institutionellen Innenraum wieder. Eine stehende männliche Figur im Zentrum des Bildraumes, Charcot, führt einem ausschließlich männlichen Publikum eine weibliche Patientin in Hypnose vor. Dicht gedrängt gruppieren sich in der linken Bildhälfte zwei Generationen: Die vorderen Reihen sind gefüllt von aufstrebenden Schülern Charcots, den äußeren Halbkreis bilden gestandene Koryphäen aus Wissenschaft, Kultur und Politik, allesamt begierig, Erkenntnisvorstöße in das attraktive Gebiet der Hysterie zu wagen. Die teilweise entkleidete Patientin, auf die die Blicke aller Beteiligten, mit Ausnahme von Charcot, gerichtet sind, ist Marie »Blanche« Wittmann, bekannt als die »Queen of Hysterics« (Hustvedt, 2011, S. 35). Sie bildet in der rechten Bildhälfte ein Paar mit einem gut aussehenden jungen Mann, Charcots Assistenten Joseph Babinski, in dessen Arme sie sich fallen lässt, während seine vermeintlich stützende Hand verdächtig nahe an ihrer Brust zum Ruhen kommt. Blanches gekrampfte linke Hand signalisiert einen pathologischen Zustand, der in Charcots Nosografie der Hysterie als »Phase des contorsions« oder auch als hysterischer Kreisbogen *(Arc de cercle)* klassifiziert wurde (Didi-Huberman, 1982/1997). In diesem recht spektakulären Zustand, in dem Rücken und Extremitäten überstreckt und der Kopf krampfartig zurückgeneigt werden, sah Freud (1909a, S. 237) nichts anderes als eine »energische Verleugnung einer für den sexuellen Verkehr geeigneten Körperstellung durch antagonistische Innervation«, also den gleichzeitigen Ausdruck sexueller Wünsche und der gegen diese errichteten Abwehrmaßnahmen. Am linken oberen Bildrand kann der Betrachter den von Blanche vorgeführten hysterischen Kreisbogen noch einmal finden, diesmal auf einer hinter dem Publikum angebrachten großen Kohlezeichnung skizziert. Man könnte meinen: eine Botschaft, welche Blanche auf mehr oder weniger subtile Weise zu verstehen gab, was Charcot von ihr für seine Demonstrationen begehrte. Der Schöpfer dieses unten links signierten und datierten Bildes im Bild, der spätere Professor für Künstleranatomie Paul

Richer, ist – hinter Charcot an einem Tisch mit Instrumentarium sitzend – selbst im Bild anwesend, um irritierenderweise nun wiederum zeichnend zu reproduzieren, wie Blanche ihrerseits reproduziert, was er gezeichnet hat. Brouillets Bild zeigt uns eine unmögliche Urszene (Morlock, 2007): Der Napoleon der Neurosen und die Queen of Hysterics vollziehen einen rätselhaften, aber irgendwie sexuellen Akt miteinander, aus dem heraus – folgen wir Freud – die Psychoanalyse geboren wurde und dem der Betrachter oder die Betrachterin des Bildes, von allen Beteiligten unbemerkt zur Tür hereinplatzend, beiwohnen kann. Dabei geht es um Männer und Frauen, um Macht und Ohnmacht, um Lehrer und Schüler, um die ältere und die jüngere Generation, um Begehren und Botschaft und um die Zirkularität der Produktion von Wissen, die immer auch eine Produktion von Unbewusstheit ist. Kurz: Es geht um das, was die Psychoanalyse Sexualität nennen wird.

Eine andere Sexualität

Als Freud von seinem Pariser Studienaufenthalt nach Wien zurückkehrte, um kurz darauf seine Praxis zu eröffnen, beschäftigte ihn – parallel zu den für die Entwicklung der Psychoanalyse wegweisenden Behandlungen von Emmy von N. und Elisabeth von R. – vor allem die Aneignung und Übersetzung der Lehren Charcots. Seine bisherigen Untersuchungsgegenstände – Aale, Kinderhirne, Kokain – erschienen Freud im Kontrast zu den anregenden, von Charcot demonstrierten Problemstellungen bloß noch als »dumme Sachen« (Freud, 1960a, S. 189) und sein Interesse wandte sich zunehmend Fragen der Psychopathologie und Psychosexualität zu. Charcot (1988, S. 716) hingegen war, wie er Freud in einem charmanten Brief mitteilte, überaus glücklich, in ihm »einen so hervorragenden Übersetzer« gefunden zu haben. Seine Künste konnte Letzterer dabei auch an den Mitschriften eben jener »Leçons du mardi«, jener Dienstagsvorlesungen unter Beweis stellen, deren Atmosphäre Brouillet bildlich einzufangen versuchte. Freud übertrug ihren Text unter dem unspektakulären Titel »Poliklinische Vorträge« aus der Sprache Charcots in seine eigene. Dabei sind die übersetzerischen Freiheiten, welche sich Freud nahm, bemerkenswert: Nicht nur setzte er sich an die in Bild und Text durchaus verlockende Stelle von Charcots Lieblingsschüler Babinski, indem er dessen französisches Vorwort kurzerhand durch ein eigenes ersetzte, sondern er teilte Leserinnen und Lesern auch in ungewöhnlich zahlreichen seiner Übersetzung beigefügten Anmerkungen, für die er »vergaß«, sich die Erlaubnis Charcots einzuholen, seine persönlichen, zumeist abweichenden Ansichten mit. Im Vorwort schreibt er dazu: »Der Leser Charcots hat aber keinen Anlaß, meinen Bemerkungen in diesem Zusammenhang mehr Aufmerksamkeit zu schenken, als sie sonst selbständig beanspruchen könnten« (Freud, 1892–94a, S. 156). In einer derart durchsichtigen Verneinung scheint, wie Freud (1925h) später selbst bemerken wird, der unbewusste Wunsch gut erkennbar hindurch. Freud benutzt den Charcot'schen Text als eine Trägerwelle für seine eigenen, zugleich selbstbewusst und als Fußnote präsentierten Botschaften. Freuds psychoanalytische Schriften, die »Gesammelten Werke«, beginnen – durchaus programmatisch – mit einem Nachruf auf Charcot, der im August 1893, Freuds Übersetzung der »Leçons du mardi« war noch nicht komplett erschienen, überraschend an einem Lungenödem verstarb. »Es ist unausbleiblich«, lesen wir in diesem Nachruf, »daß der Fortschritt unserer Wissenschaft, indem er unsere Kenntnisse vermehrt, auch manches von dem entwertet, was uns Charcot gelehrt hat« (Freud, 1893f, S. 35).

Die Psychoanalyse war auch eine Emanzipationsbewegung aus dem Einfluss Charcots. Freud gab dabei Charcots Methode, Hypnose und Suggestion, im Laufe der 1890er Jahre sukzessive auf, um sie durch die psychoanalytische Methode zu ersetzen. Dessen ungeachtet hatte Charcots geheimnisvolles Forschungsthema, die Hysterie, Freud so sehr in seinen Bann gezogen, dass er diesem treu blieb. Indem er sich seinem Erkenntnisgegenstand nun mit der psychoanalytischen Erkenntnismethode näherte, gelangte er jedoch zu vollkommen neuen Einsichten. Präsentierte Charcot die *chose génitale* einzig in Partylaune und dann lediglich »in Form eines flüchtigen Aperçus«, so war es nach Freuds Selbstverständnis nun an ihm, »ernst mit ihr zu machen« (Freud, 1914d, S. 52). Freuds eigenständige und revolutionäre Entdeckung wird darauf hinauslaufen, dass das, was er in den Anmerkungen zu seiner Übersetzung von Charcots »Leçons du mardi« das »sexuale Leben« (Freud, 1892–94a, S. 161) nennt, eben nicht nur eine der häufigsten Ursachen neurotischer Erkrankungen darstellt, sondern auch weit über das Genitale hinausgeht bzw. damit vergleichsweise wenig zu tun hat: Die Psychoanalyse kann nicht umhin, »ein ›sexuell‹ gelten zu lassen, das nicht ›genital‹ ist« (Freud, 1916–17a, S. 332). Freud wird das, was unter Sexualität verstanden wird, in radikaler Weise neu bestimmen als gerade nicht primär die Sache mit den Genitalien und nicht primär eine Sache zwischen Männern und Frauen. Die aus Paris mitgebrachte *chose génitale* wird unter Freuds Händen zu dem, was man – passenderweise unter Verwendung eines vom gebürtigen Pariser Jean Laplanche (2007/2017) geprägten Neologismus – als *chose sexuale* bezeichnen könnte.

Die Psychoanalyse interessiert sich weniger für die genitale Sexualität des Erwachsenen, also für das, was wir alltagssprachlich mit »Sexualität« zu meinen pflegen. Freuds viel diskutiertes Postulat einer infantilen Sexualität meint gerade nicht, dass auch Kinder bereits über eine Sexualität im genitalen Sinne verfügen. Die infantile Sexualität ist keine frühreife Form der genitalen Sexualität. Freud entdeckte vielmehr eine *andere Sexualität*. Eine noch nicht zu einer Einheit organisierte, vielgestaltige, prä- bzw. paragenitale Sexualität, deren Pointe unter anderem darin besteht, dass wir sie nicht mit der Kinderzeit hinter uns lassen, sondern dass sie als *infantile Sexualität im Erwachsenen* weiterhin in uns aktiv bleibt und dabei nicht bruchlos und konfliktfrei mit der erst im Zuge der Veränderungen der Pubertät erwachenden genitalen Sexualität gemeinsame Sache zu machen versteht. *Der Gegenstand der Psychoanalyse ist diese andere Sexualität: das verdrängte, unbewusste, infantile Sexuelle.*

Überblick über das Buch

Dieses Buch versucht sich dem gerade in groben Zügen umrissenen Gegenstand der Psychoanalyse unter verschiedenen Perspektiven anzunähern: zunächst historisch mit einem Blick in die Begriffsgeschichte, dann konzeptuell mit der Unterscheidung zwischen der Sexualität – der *chose génitale* – und dem Sexuellen – der *chose sexuale*. Mit dieser zentralen Unterscheidung ausgerüstet gilt es, sich dem psychoanalytischen Theoretisieren über das Sexuelle zuzuwenden. Dabei wird eine intersubjektive Spielart der psychoanalytischen Triebtheorie Kontur gewinnen, welche darauf insistiert, Trieb, sexuellen Konflikt und das sexuelle Unbewusste im Kern des psychoanalytischen Forschungs- und Therapieunternehmens zu situieren. Daran anschließend werden Ideen bezüglich des Verständnisses von Setting, Haltung und Interventionslogik einer psychoanalytischen Praxis umrissen, welche sich am vorab behandelten theoretischen Modell orientiert. Durch den Umfang des Bandes bedingt war in der Darstellung eine gewisse Einseitigkeit mitunter nicht zu vermeiden. Natürlich liegen mittlerweile auch zahlreiche Alternativmodelle vor, welche beanspruchen, die hier diskutierte triebtheoretische Sichtweise zu ergänzen oder zu ersetzen (Greenberg u. Mitchell, 1983; Pine, 1988). Innerhalb eines psychoanalytischen Pluralismus (Bohleber, 2019) bildet ein Standpunkt, welcher Sexualität und Konflikt konsequent im Zentrum sowohl der Theorie als auch der Praxis der Psychoanalyse verortet, eine Perspektive unter vielen: eine anregende – mitunter vielleicht auch rätselhafte – Perspektive, welche, wie ich hoffe, auch im 21. Jahrhundert dazu einlädt, sich an ihr zu reiben und sich mit ihr auseinanderzusetzen.

2 Historisches: Die Erfindung der Sexualität

Noch bei Autoren wie Shakespeare und de Sade suchen wir vergebens nach dem Wort »Sexualität«, obgleich beide die Sache selbst ausgiebig verhandeln. »Die Sexualität« ist eine Erfindung des 19. Jahrhunderts (Laqueur, 1990/1992; Borck, 1995). Aus dem uns heute im Deutschen zumeist nur noch als Bestandteil von Komposita wie »Sexualanamnese« oder »Sexualtherapie« vertrauten Adjektiv »sexual« (zu lateinisch *sexuālis:* zum Geschlecht gehörig) wurde um 1800 eine Substantivierung abgeleitet. Die resultierende sprachliche Neubildung »die Sexualität« ermöglichte es, eine Vielzahl disparater Lebensäußerungen, die bislang konkret benannt werden mussten, unter einem scheinbare Einheit stiftenden und dabei zugleich bemerkenswert abstrakten Begriff zusammenzufassen und zum Gegenstand eines sich neu formierenden Diskurses zu machen.

Die frühesten Belegstellen für das Substantiv »Sexualität« finden sich in einer Bemerkung Goethes (1820, S. 285) zum »Dogma der Sexualität bey meinen Naturstudien« und im Titel von August Henschels (1820) Studie »Von der Sexualität der Pflanzen«. Beide verwenden »Sexualität« dabei mit Blick auf die »Erscheinungen des geheimnisreichen vegetabilischen Lebens« (Henschel, 1820, S. III), um die Tatsache zu bezeichnen, dass Pflanzen in männlicher und weiblicher Ausprägung vorkommen. In der ersten Hälfte des 19. Jahrhunderts dehnte sich der Bedeutungsbereich des Begriffs jedoch zunehmend auf jene ungleich geheimnisvolleren Phänomene der sich nicht auf Fort-Pflanzung beschränkenden menschlichen Sexualität aus. Zwei Monografien, die als Gründungsurkunden der sich formierenden Sexualwissenschaft gelten, erschienen unter demselben programmatischen Titel: Heinrich Kaan (1844) definierte zunächst in seiner weniger bekannten »Psychopathia sexualis« fleischliche Sünden in geistige Krankheiten um und leitete damit einen Prozess ein, der vielfach als Medizinalisierung des Sexuellen beschrieben wurde (Foucault, 1976/1977; Eder, 2009), bevor Richard von Krafft-Ebings (1886) berühmt-berüchtigte »Psychopathia sexualis« zum publizistischen Bestseller wurde.

Das Ziel von Krafft-Ebings Schule machender Inventarisierung sexueller Abseitigkeiten war ein doppeltes: »die Kenntnisnahme der psychopathologischen Erscheinungen des Sexuallebens und der Versuch ihrer Zurückführung auf gesetzmässige Bedingungen« (Krafft-Ebing, 1886, S. IV). Das, »was den ethischen und ästhetischen Sinn beleidigt«, die »Nachtseite menschlichen Lebens« (Krafft-Ebing, 1886, S. V), das Irritierende, Anstößige und Abweichende, sollte in seiner beunruhigenden Existenz zwar zur Kenntnis genommen werden, doch nicht ohne es sogleich wieder in die Ordnung eines – psychopathologischen, juristischen, kulturellen – Systems einzuspeisen. Als pathologisch und pervers galt Krafft-Ebing (1886, S. 35) dabei »jede Aeusserung des Geschlechtstriebs […], die nicht den Zwecken der Natur, i. e. der Fortpflanzung entspricht«. Das Unzweckmäßige an der menschlichen Sexualität stellt eine Bedrohung dar für eine Ordnung, welche zunehmend nicht mehr als jene Gottes, sondern als jene der Natur gedacht wurde. Eine Bedrohung, die es abzuwehren und zu beherrschen galt: Die Erfindung der Sexualität ging Hand in Hand mit ihrer Regulierung und Disziplinierung (Foucault, 1976/1977).

In dieser Traditionslinie lassen sich auch einige der handlichen Antworten verstehen, welche die Sexologie des 20. Jahrhunderts auf die beunruhigende Frage gab, was dieses noch keine zwei Jahrhunderte alte Etwas, genannt Sexualität, denn nun sei. Im breit rezipierten »Kinsey-Report« erfahren wir zum Beispiel, dass »das Vorhandensein eines Orgasmus […] gewöhnlich, wenn auch nicht immer, als Beweis für die sexuelle Natur einer Reaktion gelten« könne (Kinsey, Pomeroy, Martin u. Gebhard, 1954, S. 103). Der Orgasmus als Operationalisierung des Sexuellen bietet im Gegensatz zu Freuds (1916–

17a, S. 331) ebenso frustrierender wie inspirierender Einsicht, dass wir »nicht im Besitze eines allgemein anerkannten Kennzeichens für die sexuelle Natur eines Vorgangs« sind, eine pragmatische Lösung, Sexualität messbar zu machen. Don Juan, hilflos seine Eroberungen zählend, steht hier Pate für einen Zugang zum Rätsel des Sexuellen, dem nichts Besseres einfällt, als Sexualpartner, Stellungen oder Orgasmen zu zählen.

Vom Beginn der Begriffsgeschichte an reibt sich der »Chaos-Charakter des Sexuellen« (Sigusch, 1988, S. 15) an der ihm gegenüberstehenden Tendenz zur – theoretischen und praktischen – »Rationalisierung der Sexualität« (Béjin, 1984, S. 227). Es gibt da etwas im Sexuellen, was opponiert gegen die Definition und was dazu zu führen scheint, dass die Versuche, das Sexuelle theoretisch, systematisch und klassifikatorisch dingfest zu machen, immer einen unbequemen Rückstand, einen »irreduziblen Sexualrest« (Sigusch, 1988, S. 14), hinterlassen.

3 Die Sexualität und das Sexuelle

Die durch den Blick in die Geschichte des Begriffs »Sexualität« freigelegten Brüche und Konfliktlinien können nun in der Unterscheidung zwischen der Sexualität und dem Sexuellen psychodynamisch aufgegriffen werden.

3.1 Ordnung und Gewirr

In der im vorherigen Kapitel mit den Schlagworten »Chaos« und »Rationalität« gefassten Spannung lässt sich die Dynamik jener zwei Modi des psychischen Funktionierens erkennen, welche Freud (1950c, S. 422) bereits im »Entwurf einer Psychologie« als »psychische Primärvorgänge« und »psychische Sekundärvorgänge« unterschied. Er behielt diese Unterscheidung zeit seines Lebens als einen Bezugspunkt seiner Theoriebildung bei, wobei er sie so weit ausarbeitete, dass sie sich im Hintergrund von anderen, populärer gewordenen Polarisierungen wie jener zwischen Es und Ich wiederfindet.

Der Primärprozess ist – in primärprozessnaher Bildersprache gesprochen – das Fließende, Strömende, Morastige, Chaotische in uns. Kenntnis vom Primärprozess geben u. a. die Abkömmlinge des Unbewussten: Träume, Fehlleistungen, Witze, Symptome, freie Assoziationen. Vom festen Standpunkt des Sekundärprozesses und des rationalen Ichs aus erscheint das Primärprozesshafte oftmals als das Unvernünftige, Unverständliche, Unschickliche und Unpassende. Die Differenz von primär- und sekundärprozesshaftem Funktionieren lässt sich – in sekundärprozessnaher Begriffssprache gesprochen – auch unter den verschiedenen Gesichtspunkten der psychoanalytischen Metapsychologie (Rapaport u. Gill, 1959) systematisieren (siehe Tabelle 1).

Tabelle 1: Primär- und Sekundärprozess, sekundärprozesshafte Darstellung in Form einer Tabelle

	Primärprozess	Sekundärprozess
topischer Gesichtspunkt	System Unbewusst	System Vorbewusst-Bewusst
struktureller Gesichtspunkt	Es	Ich
ökonomischer Gesichtspunkt	freie (ungebundene) Energie	gebundene Energie
dynamischer Gesichtspunkt	Lustprinzip, Wunsch	Realitätsprinzip, Hemmung (Abwehr)
genetischer Gesichtspunkt	das Frühere, Infantile	das Spätere, Adoleszente

Freud schwankte in charakteristischer Weise zwischen der Tendenz, sich dem Primärprozesshaften hinzugeben (»daß ich auf alle bewußte Gedankentätigkeit verzichtet habe, um nur mit einem dunkeln Takt weiter in den Rätseln zu tappen«, 1985c, S. 442), und dem dieser Hingabe entgegenlaufenden Bestreben, das Unbewusste unter die Kontrolle des Sekundärprozesses zu bringen (»wo Es war, soll Ich werden«, 1933a, S. 86). Es scheint, als ließe sich Sexualität auf beiden Seiten der programmatischen Opposition von Primär- und Sekundärprozess verorten: Sexualität begegnet als ein Organisationsprinzip *und* als das Wirrwarr in uns, was es zu organisieren gilt, um in der Realität funktionieren zu können.

Fritz Morgenthaler führte mit Blick auf diese Doppelgesichtigkeit der Sexualität die Differenzierung von Sexualität und Sexuellem ein: »Sprechen wir vom Sexuellen, im Gegensatz zur organisierten Sexualität«, so Morgenthaler (1984, S. 138 ff.), »meinen wir damit die Triebhaftigkeit im Es, also ein energetisches Potential, das dem Erleben ganz allgemein etwas Dranghaftes verleiht. Die Triebregungen sind ungerichtet, ziellos, zeitlos, unkonditioniert und vor allem unbewußt. Das einzige, was wir über sie aussagen können, betrifft ihre Tendenz. Die Tendenz der Triebregungen ist Bewegung, die in der Emotionalität sichtbar und spürbar wird. […] Sprechen wir von Sexualität im Gegensatz zum Sexuellen, handelt es sich um das, was der Sekundärprozess aus den Triebregungen im Es gemacht hat.« Sexualität ist etwas Geformtes. Alle fertig ausformulierten Wünsche, alle »-täten« und »-ismen« wie Heterosexualität, Homosexualität, Bisexualität, Asexualität, Sadismus, Masochismus, Objektsexualität etc. bezeichnen gesellschaftlich und historisch fabrizierte Sexualformen (Sigusch, 2013). Das Sexuelle hingegen ist etwas Ungeformtes, Unfertiges, Ungerichtetes: anarchisch, irrational, disparat, polymorph und desorganisiert. Sexualität ist das im Laufe der Lebensgeschichte zu einer mehr oder weniger ichgerechten Funktion disziplinierte Sexuelle. Mit Blick auf eine psychoanalytische Konflikttheorie ist es Morgenthalers Verdienst, mit Nachdruck auf die Differenz und die »Disharmonie zwischen Trieb und Sexualität« (1985, S. 154) hingewiesen zu haben.

Von anderen theoretischen Prämissen als Morgenthaler ausgehend umkreist Jean Laplanche mit seinem bereits in der Einleitung verwendeten Neologismus »das Sexuale« *(le sexual)* etwas, was Morgenthalers Sexuellem nahesteht (Passett, 2006). Das Sexuale wird dabei von Laplanche an manchen Stellen auch einfach »das Freud'sche Sexuelle« genannt (Laplanche, 2003/2017, S. 144) und der genitalen Sexualität entgegengestellt. Morgenthalers Sexuelles und Laplanches Sexuales versuchen das zu fassen, was Freud – einen von der Sexualwissenschaft seiner Zeit gerade in Umlauf gebrachten Begriff aufgreifend – partout »infantile Sexualität« nennen wollte (Kern, 1973; Zeuthen u. Gammelgaard, 2010). Mit dieser terminologischen Entscheidung leistete er gewiss einen Beitrag dazu, dass dieses für die Psychoanalyse grundlegende Konzept wie wenige andere missverstanden wurde.

3.2 Sprachlose Sexualität

Infantil, zu lateinisch *in-fantīlis,* bedeutet wörtlich »nicht sprechend«. Das Kind *(īn-fāns)* wird bestimmt als derjenige Mensch, der der Sprache noch nicht mächtig ist. Infantile Sexualität ist jene Sexualität, mit der das Individuum konfrontiert wird, bevor es in die Ordnung der Sprache hineinsozialisiert wurde. Jenes Sexuelle, für das es noch keine Worte hatte, als es ihm begegnete, und das damit wesentlich den Charakter des Rätselhaften hatte. »Das Unbewusste«, so ein grundlegender Gedanke Freuds (1915e, S. 300), ist das Sprachlose, »ist die Sachvorstellung allein«; das Bewusste hingegen »umfaßt die Sachvorstellung plus der zugehörigen Wortvorstellung«. Das Unbewusste ist das In-fantile.

Menschliche Sexualität hat eine Geschichte, welche in ihren Anfängen nicht nur keine Sprache, sondern auch noch kein Geschlecht kennt und der es zunächst weder um Orgasmus noch um Geschlechtsverkehr geht. Dieses präsexuelle Sexuelle, dieses sprachlose Sexuelle, dieses Sexuelle »in der Zeit vor der sexuellen Reife« (Freud, 1985c, S. 169), wird im Vergleich zu der sich in der Pubertät bildenden adulten und sprachlich repräsentierten Sexualorganisation immer das Andere bleiben und sich zugleich als einer ihrer Kerne erhalten. Es geht der Psychoanalyse jedoch nicht darum, die Außer-Ordentlichkeit des Sexuellen, des Sexualen und der infantilen Sexualität einseitig gegen die organisierte Ordnung der genitalen Sexualität auszuspielen, sondern darum, die notwendige Doppelbödigkeit und die daraus resultierende fundamentale Konflikthaftigkeit der menschlichen Sexualität in den Blick zu bekommen. Das, was Freud (1905d/1925, S. 32) »die erweiterte Sexualität der Psychoanalyse« nennt, ist *die widersprüchliche Einheit des Sexuellen und der Sexualität.*

3.3 Ist für die Psychoanalyse alles sexuell?

Mit der inhaltlichen Erweiterung des Sexualitätsbegriffs durch die Psychoanalyse ging zwar die Ausweitung von dessen Anwendungsbereich auf jegliche Formen menschlicher Aktivität einher, doch diese zielte nie auf die wenig subtile These ab, dass alles irgendwie sexuell sei. Alles »ist« genauso wenig sexuell, wie ein Psychoanalytiker in der Übertragung einfach der Vater seiner Analysandin »ist«. Natürlich gibt es Nichtsexuelles. Der Versuch, die Welt säuberlich in objektiv Sexuelles und objektiv Nichtsexuelles zu scheiden, scheint jedoch insofern zum Scheitern verurteilt, als die Mechanismen der Entstellung, Verdichtung und Verschiebung auch hier greifen.

Es geht der Psychoanalyse damit nicht um die Frage, was objektiv sexuell *ist*, sondern darum, welche Vorstellungen, Körperteile, Objekte oder Tätigkeiten ein Subjekt im Laufe seiner Geschichte sexuell bzw. libidinös *besetzt* und zu Objekten seines Wünschens und Begehrens macht und welche nicht.

Die Sexualität der Psychoanalyse ist damit weniger, wie von Lichtenberg (1989) postuliert, ein organisiertes Motivationssystem unter anderen, sondern vielmehr das, was es uns erst möglich macht, überhaupt etwas zu wollen. Worauf dieses Wollen dann konkret zielt – ob von einem Subjekt nun Konsum, klassische Musik, Kokain, Kulinarik, Arbeit, gelbe Gummistiefel, das eigene Selbst oder Geschlechtsverkehr libidinös besetzt werden –, ist diesem Wollen gegenüber sekundär. Das Objekt, so Freud (1915c, S. 214 f.), sei »das variabelste am Triebe«, der »Charakter des Drängenden« hingegen seine wesentliche Eigenschaft. Diese drängende und treibende Struktur ist für die Lebendigkeit des Menschen elementar: »kein Trieb, kein Mensch« (Sigusch, 2013, S. 178).

Das Sexuelle gewinnt seine Umrisse im Umfeld der Kategorien des Lebendigen, des Lustvollen und des Dranghaften. Aber dies ist eben nicht »alles«. Selbst die Neurose wird von der Psychoanalyse nicht einzig aus der Sexualität erklärt, sondern aus dem *Konflikt*. Einer psychoanalytischen Sexualtheorie, die sich in diesem Sinne auch als

Konflikttheorie begreifen muss (Müller-Pozzi, 2008; Storck, 2018), geht es darum, die Brüche innerhalb der menschlichen Sexualität (Sexualität vs. Sexuelles; Sexualinstinkt vs. Sexualtrieb etc.) und die Spannungen, in welche die Sexualität mit dem Nichtsexuellen gerät (Sexualität vs. Bindung; Sexualität vs. Selbsterhaltung etc.), zur Geltung zu bringen. Diesen Spannungslinien soll im folgenden Kapitel zunächst theoretisch nachgegangen werden, bevor dann im fünften Kapitel ihre Relevanz für die psychodynamische Praxis erläutert wird.

4 Theorie: Das Sexuelle als Gegenstand der Psychoanalyse

Es sei die im Vergleich mit einer rational durchkonstruierten Theorie auffällige Unschärfe zentraler Begriffe der Freud'schen Sexualtheorie, so mutmaßte Volkmar Sigusch (2005a), welche das Geheimnis ihres Erfolgs ausmache. Freuds einzigartige Fähigkeit, zu seinem Untersuchungsgegenstand ambivalente, ja widersprüchliche Positionen einzunehmen und sich die Entscheidung über grundlegende Fragen offenzuhalten, ist dafür verantwortlich, dass sein Nachdenken über das Sexuelle gerade in seiner Unabgeschlossenheit inspirierende Anregungen enthält, welche es – mit Laplanche gesprochen – gilt, zum Arbeiten zu bringen. In diesem Sinne werde ich zentrale Gedankenlinien von Freuds 1905 erschienenen »Drei Abhandlungen zur Sexualtheorie« darstellen, um daran anschließend zu zeigen, welche dieser Linien Laplanche aufgenommen und zu jener »intersubjektiven Spielart der Triebtheorie« (Altmeyer u. Thomä, 2006, S. 6) weitergeführt hat, welche nach Ilka Quindeau (2014, S. 8) als die »elaborierteste Weiterentwicklung der Freud'schen Triebtheorie« gelten kann.

4.1 Drei Abhandlungen anstatt einer Theorie[1]

Eine Handgranate

Bei ihrem ersten Erscheinen auf lediglich 83 Seiten »so geballt und explosiv wie eine Handgranate« (Gay, 1989, S. 172) daherkommend, avancierten die »Drei Abhandlungen zur Sexualtheorie« im Laufe ihrer mehr als hundertjährigen Rezeptionsgeschichte zum »einflussreichsten sexualtheoretischen Werk des 20. Jahrhunderts« (Sigusch, 2005a, S. 25). Nach James Stracheys (1953/1972, S. 39) Urteil sind sie »ohne Zweifel neben der *Traumdeutung* Freuds bedeutendster, originellster Beitrag zur Wissenschaft vom Menschen«. Im Vergleich zur in erster Auflage fast vierhundert eng bedruckte Seiten füllenden »Traumdeutung« markiert bereits der Titel der kleinen, mit großzügigem Durchschuss gesetzten Handgranate einen bedeutsamen Unterschied: Anders als Freud es 1899 noch in einem Brief an Wilhelm Fließ ankündigte, wurde nicht »*eine* Sexualtheorie […] die nächste Nachfolgerin des Traumbuches« (Freud, 1985c, S. 416, Hervorhebung K. R.), sondern es wurden – vom Standpunkt sekundärprozesshafter Rationalität aus müsste man hier wohl ein enttäuschtes »bloß« einfügen – drei Abhandlungen, drei Essays zur Sexualtheorie. Im Titel wird Leserinnen und Lesern bereits angezeigt, dass – anders als in *der* Traumdeutung – hier kein Ganzes, keine einheitliche, abgerundete und abgeschlossene Theorie angeboten wird.

Zum schmalen Umfang und zurückhaltenden Titel kommt noch eine irritierend unsystematisch-systematische Gliederung hinzu: Mit an den äußeren Rand gesetzten Marginalien und drei Gliederungsebenen (römische Zahlen, arabische Zahlen und Großbuchstaben) suggerieren die »Drei Abhandlungen« zunächst ein lehrbuchhaftes Maß an Ordnung und Orientierung. Doch das begonnene Gliederungs-

---

[1] Im Folgenden beziehe ich mich auf die erste Auflage der »Drei Abhandlungen zur Sexualtheorie« (Freud, 1905d). Nur wenn Ergänzungen aus späteren Auflagen zitiert werden, wird hierzu auf die Fassung der sechsten Auflage (Freud, 1905d/1925), die sich auch in den »Gesammelten Werken« findet, zurückgegriffen.

system wird vom Autor rasch durch ein anderes (arabische Zahlen und Kleinbuchstaben) ersetzt und schließlich ganz aufgegeben. Es ist keine geringe Herausforderung, das in-fantile, das sprach-lose Sexuelle zur Sprache zu bringen, ohne es dabei seines notwendig widersprüchlichen, vielgestaltigen, bruchstückhaften und unfertigen Charakters zu berauben. Insofern möchte ich vorschlagen, die zahlreichen stilistischen und inhaltlichen Ungereimtheiten der »Drei Abhandlungen« weniger dem Unvermögen ihres Autors, sondern vielmehr den Eigentümlichkeiten des verhandelten Gegenstands zuzuschreiben.

Anders als in der »Traumdeutung«, die mit einem den Leser ermüdenden Überblick über die wissenschaftliche Literatur beginnt, vermerkt Freud (1905d, S. 80, Anm. 1) in den »Drei Abhandlungen« lediglich in einer der Überschrift der ersten Abhandlung angefügten Fußnote lakonisch, dass er aus »den bekannten Publikationen […] geschöpft« habe. Er verweist dabei zwar auf die Namen einiger Sexualforscher seiner Zeit, ohne jedoch deren Werke wie sonst üblich mit Titeln und Erscheinungsjahren zu benennen. In diesen nicht genannten Publikationen, so Freud (1905d, S. 80, Anm. 1) weiter, sei auch die – 1905 bereits beträchtlich angewachsene (Sigusch, 2005b) – »übrige Literatur zum Thema in erschöpfender Weise aufgeführt«, sodass er sich daher »detaillierte Nachweise ersparen« könne. Mit diesem kühnen publikationsstrategischen Kunstgriff verbannt Freud nicht nur Jahrzehnte der Sexualwissenschaft in eine Fußnote, sondern ermöglicht es sich und seinem Leser in den »Drei Abhandlungen« auch, gleich zur Sache zu kommen.

Kein anderer Text Freuds wurde nach seinem Erscheinen vom Autor für die Folgeauflagen derart weitreichend überarbeitet wie die »Drei Abhandlungen«, die durch kontinuierliche Erweiterungen bis zu ihrer sechsten Auflage auf 120 Seiten anwuchsen. Diese letzte zu Freuds Lebzeiten erschienene Auflage, die unverändert auch im fünften Band der »Gesammelten Werke« abgedruckt ist, lässt durch ihre zwanzigjährige Geschichte der Auslassungen, Ergänzungen und Umschriften hindurch die ursprüngliche Gestalt von Freuds Text kaum mehr erkennen. Wirft man vom Standpunkt des heute allgemein verbreiteten Wissens über die angeblichen Kernlehren der psychoanalytischen Sexualtheorie einen Blick zurück in die erste Auflage der »Drei Abhandlungen«, so entdeckt man Erstaunliches: Hier ist weder die Rede von einer Phasenlehre der Libidoentwicklung noch von einem Ödipuskomplex. Insbesondere die erst 1915 von Freud in die »Drei Abhandlungen« eingeschriebenen und von Karl Abraham (1924) pedantisch in Subphasen unterteilten Entwicklungsstufen der Libido (oral → anal → phallisch → genital) bringen Ordnung ins polymorphe Gewirr des Sexuellen und zeichnen sich ganz nebenbei auch dadurch aus, dass sie mit geringem Aufwand gelehrt werden können. Doch in der ersten Auflage der »Drei Abhandlungen« ist der leitende Gedanke der fundamentalen Diskontinuität des Sexuellen noch nicht verstellt durch ein übergeordnetes Phasenschema, welches die infantile Sexualität zum vorbereitenden Bestandteil einer zielgerichteten, auf das Genitalprimat hinauslaufenden Entwicklung entschärft. Hier liegt der Akzent, wie Freud (1923e, S. 293, Hervorhebung K. R.) rückblickend selbst bemerkt, ganz »auf der Darstellung der *fundamentalen Verschiedenheit im Sexualleben der Kinder und der Erwachsenen*«. Diese Reduktion und diese Klarheit sind gewiss für die Explosivkraft mitverantwortlich, welche die »Drei Abhandlungen« initial zu entfalten vermochten.

Von der Sexualpathologie zur Sexualanthropologie

Wenn die »Drei Abhandlungen« eine Handgranate sind, dann haben sie es abgesehen auf die Sprengung dessen, was Freud (1905d, S. 1) nicht ohne Polemik die »populäre Meinung« über Sexualität nennt. Es geht ihm darum, die Wirklichkeit schärfer ins Auge fassend, die unzähligen »Irrtümer, Ungenauigkeiten und Voreiligkeiten« (1905d, S. 1) hervortreten zu lassen, welche unsere Vorstellung davon durchziehen, was Sexualität sei und was nicht.

Dieser Destruktionsbewegung fällt, nachdem bereits im Titel der Schrift die Einheitlichkeit einer Theorie des Sexualen zerschlagen wurde, eine jener Unterscheidungen zum Opfer, welche für weite Teile der Sexualwissenschaft des 19. Jahrhunderts charakteristisch war. Spätestens Krafft-Ebing etablierte mit seiner »Psychopathia sexualis« das Programm einer Sexualwissenschaft, die sich wesentlich als Sexualpathologie verstand: Das im Bereich der Sexualität Übliche, Durchschnittliche und somit Unauffällige bildete für den sexualpathologischen Blick den nicht weiter thematisch werdenden Hintergrund, vor dem etwas überhaupt erst als abnorm, pervers oder krank erscheinen konnte. Das Normale selbst jedoch musste nicht weiter erklärt oder befragt werden.

Wenn Freud die erste seiner drei Abhandlungen mit »Die sexuellen Abirrungen« überschreibt, so knüpft er äußerlich an die Erwartungen an, dass Sexualtheorie in Gestalt der Sexualpathologie aufzutreten habe. Doch auf nur zwanzig Seiten gelingt es ihm in einem subversiven Akt, das Figur-Grund-Verhältnis von (selbstverständlicher) Normalität und (erklärungsbedürftiger) Nichtnormalität umzukehren und damit das Programm einer Sexualpathologie durch das für die Psychoanalyse charakteristische Programm einer Sexualanthropologie zu ersetzen. Richtungsweisend heißt es: »Im Sinne der Psychoanalyse ist also auch das ausschließliche sexuelle Interesse des Mannes für das Weib ein der Aufklärung bedürftiges Problem und keine Selbstverständlichkeit« (Freud, 1905d/1925, S. 44).

Ist das vermeintlich Normale einmal seiner selbstverständlichen Fraglosigkeit beraubt, so ist der Weg offen für neue Entdeckungen: Freud gelangt zu dem provokativen und inspirierenden Schluss, dass Normalität nicht den Ausgangs-, sondern vielmehr einen der möglichen Endpunkte einer ungewissen Entwicklungsgeschichte des Subjekts bildet. Am Anfang aber stehe das Perverse in seiner unzusammenhängenden Vielgestaltigkeit. Freud (1905d, S. 45) verdreht so das Verhältnis von Normalität und Perversion derart, dass sich die »gleichmäßige Anlage zu allen Perversionen« letztendlich als das »allgemein Menschliche« und damit als die Grundlage des Normalen erweist: Das Normale ist eine der Varianten des Perversen, eine jener Varianten, welche sich im Laufe einer Lebensgeschichte herausbilden und das vielgestaltige – »polymorph perverse« (Freud, 1905d, S. 44) – infantile Sexuelle zu geformter Sexualität organisieren.

4.2 Die doppelte Sexualität des Menschen: Sexualtrieb und Sexualinstinkt

Das Subjekt von Freuds epochemachendem Buch über die menschliche Sexualität ist erstaunlicherweise nicht der Mensch, sondern der Trieb: Nicht das Kind befriedigt sich am eigenen Körper und ist dabei autoerotisch, nicht das Kind findet ein Objekt, nein: Der »Trieb […] befriedigt sich am eigenen Körper, er ist autoerotisch« (Freud, 1905d, S. 37), der »Sexualtrieb […] findet nun das Sexualobjekt« (Freud, 1905d, S. 53). Der psychoanalytischen Sexualanthropologie geht es um eine Dezentrierung des Menschen. Wollen wir menschliche Sexualität verstehen, so sind wir darauf verwiesen, uns mit der Genese und der Wirksamkeit von etwas in uns zu befassen, welches sich unserem bewussten Zugriff und unserer lenkenden Kontrolle auf eigentümliche Weise entzieht, von etwas in uns, das immer *das Andere in uns* bleiben wird. Die Psychoanalyse denkt dieses Andere in uns als Trieb.

Eine Lockerungsübung

Der Begriff des Triebes, den Freud mit den »Drei Abhandlungen« in die Psychoanalyse einführt, wird sich als ein Leitbegriff des psychoanalytischen Nachdenkens über das Sexuelle erweisen. Das Spezifische des psychoanalytischen Triebkonzepts lässt sich am besten im Vergleich mit dem Konzept des Instinkts, mit dem es oft verwechselt wird, verstehen. Mit Laplanche (1996, S. 11) können wir den Gegensatz zwischen Trieb und Instinkt »als den wohl bedeutungsvollsten für die psychoanalytische Theorie« betrachten.

Die Begriffe »Trieb« und »Instinkt« thematisieren beide Beweggründe menschlichen Handeln und lassen sich historisch im Bedeutungsumfeld von verwandten Begriffen wie »Antrieb«, »Begehren«, »Drang«, »Motivation«, »Neigung«, »Streben« und »Wille« verorten (Wetz, 1998). Freud verwendet auf weite Strecken den Terminus »Trieb«, doch spricht er – im Gegensatz zu Lacans (1966/2015, S. 376) Behauptung, Freud habe das Wort »Instinkt« »niemals geschrieben« – mitunter auch vom Instinkt. Zum Beispiel wenn er beklagt, dass das menschliche Kind nur sehr wenig »von solchen lebensschützenden Instinkten zur Erbschaft bekommen hätte« (Freud, 1916–17a, S. 423). Freud versäumte es jedoch, die hier anklingende Unterscheidung systematisch auszuarbeiten. Ein prominentes Beispiel für eine an diesem Versäumnis anknüpfende Lesart ist die Entscheidung des englischen Freud-Übersetzers James Strachey (1966, S. xxv), »Instinkt« und »Trieb« im Freud'schen Denken als Synonyme zu verstehen und beide in der »Standard Edition« durchgängig mit dem englischen »instinct« zu übersetzen. Diese Übersetzungsentscheidung, welche die internationale Rezeption der psychoanalytischen Trieb- und Sexualtheorie über Jahrzehnte mitprägte, hat den Freud'schen Text auf charakteristische Weise entstellt und dabei ein Rätsel, das er seinen Leserinnen und Lesern aufgab, beseitigt.

Freud (1905d, S. 1) führte den Begriff des Sexualtriebes in einer bemerkenswert verwirrenden Weise in die Psychoanalyse ein, indem er ihn ausgerechnet in Analogie zu »dem Trieb nach Nahrungsaufnahme, dem Hunger«, verstanden wissen wollte. Das Bedürfnis nach Nahrungsaufnahme ist jedoch gerade kein Trieb im psychoanalytischen, sondern ein Instinkt im verhaltensbiologischen Sinne: ein angeborenes, interindividuell nur wenig variables, der Übung nicht bedürftiges und einer Funktion dienendes Verhaltensschema. Instinkte veranlassen Tiere, das für ihr Überleben Zweckmäßige zu tun, ohne dass sie dazu den zeitraubenden Aufwand der Verwendung praktisch planender Intelligenz treiben müssen. Das saisonal und hormonell bestimmte Paarungsverhalten vieler Tiere lässt sich nicht nur unter die Kategorie »Sexualität«, sondern auch unter jene des Instinkthaften subsumieren: Wir haben es bei diesen Verhaltensweisen nicht mit einem Sexualtrieb, sondern mit einem Sexualinstinkt zu tun. Trieb im psychoanalytischen Sinne ist hingegen eine spezifisch menschliche Kategorie.

Weder Ziel noch Objekt menschlicher Sexualität, so Freuds originelle Erkenntnis, sind derart instinkthaft festgelegt, wie es die »populäre Meinung« seiner Zeit postulierte. Menschliche Sexualität zeichnet sich durch eine hinsichtlich ihrer Objekte und Ziele erstaunliche

Variabilität aus. Die »Drei Abhandlungen« verlangen von Leserinnen und Lesern daher zunächst eine Lockerungsübung: Es geht darum, »die Verknüpfung zwischen Trieb und Objekt in unseren Gedanken zu lockern« (Freud, 1905d, S. 10) und sich mit der Idee anzufreunden, dass der Sexualtrieb des Menschen sein Objekt gerade nicht in derselben, scheinbar natürlich gegebenen Weise mitzubringen scheint wie der Hunger.

Hunger und Appetit – Bedürfnis und Wunsch

Anders als Freud es unterstellt, ist es der Sexual*instinkt,* der dem Schema des Hungers folgt. Der Sexual*trieb* hingegen lässt sich besser nach dem Muster des Appetits verstehen. Hunger und Appetit funktionieren nach zwei grundlegend verschiedenen und den meisten aus der alltäglichen Erfahrung vertrauten Modellen: Im Hunger steht das *Funktionale* – die für das Überleben des Organismus notwendige Energiezufuhr – im Vordergrund; im Appetit das *Afunktionale* – der keinem zweckmäßigen Ziel dienende Lustgewinn des Essens. Im Hunger geht es um die *Befriedigung* eines *Bedürfnisses* (physiologisches Grundbedürfnis nach Nahrung); im Appetit um die *Erfüllung* eines *Wunsches* (etwas Leckeres zu essen, etwas zu essen, was an die Kindheit erinnert, etwas ganz besonders Seltenes zu essen etc.). Im Hunger stehen die objektivierbaren Charakteristika eines *realen Objekts* im Vordergrund – der unabhängig vom Subjekt bestehende Nahrungswert der Speise –, im Appetit hingegen geht es mehr um die Auseinandersetzung mit der hochgradig subjektiven inneren Welt der *Phantasien.* Das Hungerbedürfnis ist durch die Zufuhr ausreichender Mengen geeigneter Speise zu befriedigen, also zum Verschwinden zu bringen, der Appetit ist weitaus unabhängiger vom äußeren Objekt (wir hatten Appetit auf Eis, aber wenn wir Eis gegessen haben, bekommen wir auf einmal Appetit auf Chips, usw.). In der Sphäre der instinkthaften Bedürfnisse ist Sättigung, Stillung und Befriedigung zu erreichen, in der Sphäre des triebhaften Wunsches hingegen nicht. Freud (1912d, S. 89) drückte diese für den Menschen auf so leidvolle Art charakteristische Erkenntnis – ebenso verwundert wie zurückhaltend – so aus: »Ich glaube, man müßte sich, so befremdlich es auch klingen mag, mit der Möglichkeit beschäftigen, daß etwas in der Natur des Sexualtriebes selbst dem Zustandekommen der vollen Befriedigung nicht günstig ist.«

Wie der Appetit ist das triebhaft Sexuelle etwas im Vergleich zu den auf Existenzsicherung abzielenden Verhaltensweisen durchaus Luxuriöses. Gerade in dieser *Afunktionalität des Sexuellen* liegt etwas Provokantes: Es ist irritierend, dass der Mensch in der Lage ist, mit großer Leidenschaft und Aufopferungsbereitschaft derart unzweckmäßigen Interessen nachzugehen, wie sie das vielgestaltige Reich der Perversionen bereithält. Die infantilen Lüste des Saugens und Leckens, des Beißens und Schmeckens, des Schauens und Zeigens, des Beschmutzens und Beschmutztwerdens, des Sichbemächtigens und Sichüberlassens werden dabei gesellschaftlich und individuell in dem Maße leichter tolerierbar, in dem sie sich als »Vorstufen« zur genitalen Vereinigung unter den Mantel des Funktionalen bringen lassen. Sie begegnen uns dann als jener »pervers zu nennende Zusatz zum normalen Sexualziel«, von dem Freud (1905d, S. 20) mutig postulierte, dass er auch bei keinem vermeintlich Gesunden fehlen würde.

Für Freud selbst scheint der Gegensatz zwischen Trieb und Instinkt am deutlichsten zutage getreten zu sein angesichts des ökonomischen Problems, welches die Lust dem psychoanalytischen Theoretisieren bereitet. Denn »Lust«, so Freud (1905d, S. 83, Anm. 21), »ist doppelsinnig« und verweist dabei sowohl auf die Sphäre des Instinkt- als auch auf jene des Triebhaften: Neben jenem Lustgewinn, den Freud beharrlich am Modell des männlichen Orgasmus konzipiert und der in Spannungsreduktion und Befriedigung besteht, gibt es offenbar auch eine Form des Lustgewinns, welcher gerade mit der gegenteiligen Bewegung, der Suche nach Erregung, einhergeht. Lust kann sowohl die mit Spannungsabbau einhergehende Lustbefriedigung, die »Lust an« – also Genuss – meinen als auch die mit einem Anwachsen von Spannung verbundene »Lust auf« – also Begehren. Um in der vorgeschlagenen Analogie zu bleiben: Hunger ist ein unangenehmes Gefühl und wir freuen uns, wenn wir keinen Hunger empfinden; Appetit hingegen enthält einen durchaus angenehmen Kitzel und ist etwas, was wir nicht vermeiden, sondern aktiv suchen, zum Beispiel wenn wir uns fragen: »Worauf habe ich denn heute Appetit?« und eher enttäuscht sind, wenn auf diese Frage kein Wunschbild in uns auftaucht. Die Erregungslust, der Kitzel des Appetits, ist nun, so Freud (1905d, S. 56), »dasselbe, was bereits der infantile Sexualtrieb […] ergeben konnte«; die Befriedigungslust hingegen »ist neu, also wahrscheinlich an Bedingungen geknüpft, die erst mit der Pubertät« eintreten.

Erst mit den hormonellen und anatomischen Veränderungen der Pubertät taucht in der menschlichen Sexualität das Element des Instinkthaften auf. Doch wenn der menschliche Sexualinstinkt dann mit dem, was Freud (1950c, S. 451) »Pubertätsverspätung« nennt, die Bühne betritt, findet er diese nicht mehr leer vor, sondern bereits mit allerlei anarchisch-lustvollem infantilem Getümmel bevölkert, denn das triebhaft Sexuelle hatte bis zur Pubertät ja freien Spielraum, um sich einzurichten. Die Pubertät stellt den Menschen vor die Herausforderung, dass sich Sexualtrieb und Sexualinstinkt nun mehr oder weniger friedlich miteinander arrangieren müssen. Wir finden beim Menschen folglich auch nach der Pubertät keine Instinktsexualität in Reinform, sondern immer nur deren Verschränkungen, Durchdringungen und Überlagerungen mit dem triebhaft Sexuellen.

4.3 Der Ursprung des Sexuellen: Sexualität und Bindung

Offenbar können wir das Triebhafte im Menschen nicht nach dem Vorbild des Hungers als etwas endogen Gegebenes verstehen, das der Säugling einfach mehr oder weniger fertig bereitliegend mit auf die Welt bringt. Gefragt ist folglich nach dem rätselhaften Ursprung des triebhaft Sexuellen. Zur Beantwortung dieser Frage möchte ich die Gedankenfigur der Anlehnung aufgreifen, welche sich zwar bei Freud findet, bei ihm aber nie den Status eines psychoanalytischen Grundbegriffs erlangte.

Anlehnung

Das infantile Sexuelle, so Freud (1905d/1925, S. 83), »entsteht in Anlehnung an eine der lebenswichtigen Körperfunktionen«. Die der Lebenserhaltung dienenden Funktionen, welche als Basis des Anlehnungsvorgangs fungieren, bezeichnet Freud dabei verwirrenderweise als »Selbsterhaltungstriebe« (Freud, 1910i, S. 97), obgleich es sich dabei eindeutig nicht um Triebe im gerade erläuterten Sinne handelt. Ich werde daher im Folgenden von Selbsterhaltungs*instinkten* sprechen.

Als Paradigma für die Gedankenfigur der Anlehnung verwendet Freud das Saugen des Säuglings an der Brust der Mutter: Hierbei bekomme der Säugling zusätzlich zum Stillen des Hungers als eine Art Kollateralnutzen eine Lustprämie hinzu. Das Saugen macht nicht nur satt, sondern – ganz nebenbei – auch Spaß. So entstehe neben dem instinktiven *Bedürfnis* nach Nahrung der triebhafte *Wunsch* nach Lustgewinn, etwa durch orale Stimulation. Im Übergang von der nährenden Milch als Objekt des Bedürfnisses zur Brust als Objekt des Begehrens differenziert sich der Sexualtrieb zunehmend von den Selbsterhaltungsbedürfnissen und gewinnt seine Eigenständigkeit. Insofern der Sexualtrieb beim Menschen nicht nur einem Sexualinstinkt gegenübersteht, sondern auch aus einem Selbsterhaltungsinstinkt hervorgeht, sind wir herausgefordert, den Trieb nicht nur in seiner Differenz zum Instinkt, sondern zugleich auch in seiner Ableitung aus diesem zu denken (Laplanche, 2000a/2017).

Die instinktbestimmten Bedürfnisse der Selbsterhaltungssphäre bringen den Anderen notwendig ins Spiel und öffnen das Subjekt hin zum Objekt. Michael Balint (1937) sprach in diesem Zusammenhang von »primärer Liebe«: einer ursprünglichen Beziehung zum Objekt, das geliebt wird, weil es gebraucht wird. Seit John Bowlbys (1958) wegweisenden Untersuchungen zur Mutter-Kind-Interaktion hat sich für die biologisch verankerte Tendenz des Neugeborenen, die Nähe einer anderen Person zu suchen, welche ihm Schutz spendet und für die Befriedigung seiner basalen Körperbedürfnisse sorgt, der Begriff »Attachment« bzw. »Bindung« etabliert. Die für die gegenwärtige

Psychoanalyse einflussreiche Bindungstheorie wird dabei oft als eine – konzeptuelle, behandlungstechnische und forschungsmethodische – Alternative zur Triebtheorie verstanden (Holmes, 1998; Widlöcher, 2002). Doch der Gedanke der Anlehnung fordert gerade, wie Müller-Pozzi (2012, S. 62) überzeugend argumentiert, Bindung und Trieb nicht in Opposition zueinander zu bringen, sondern »als zwei Gesichtspunkte einer Sache zu begreifen«.

Obgleich der Sexualtrieb mit seinem Objekt sehr viel lockerer verbunden ist, als dies für den Hunger oder das Bindungsbedürfnis der Fall ist, so lässt er sich, da er in Anlehnung an die auf den Anderen gerichteten Bedürfnisse der Selbsterhaltungs- und Bindungssphäre entsteht, dennoch nicht im Rahmen einer rein intrapsychisch ausgerichteten Ein-Personen-Psychologie fassen, sondern nur aus dem Bezug des Subjekts zum Anderen. Den in den »Drei Abhandlungen« von Freud (1905d, S. 63 f.) unter der Überschrift »Die Objektfindung« vorgetragenen Überlegungen kommt in dieser Hinsicht eine wegweisende Funktion zu:

»Als die anfänglichste Sexualbefriedigung noch mit der Nahrungsaufnahme verbunden war, hatte der Sexualtrieb ein Sexualobjekt außerhalb des eigenen Körpers in der Mutterbrust. Er verlor es nur später, vielleicht gerade zur Zeit, als es dem Kinde möglich wurde, die Gesamtvorstellung der Person, welcher das ihm Befriedigung spendende Organ angehörte, zu bilden. Der Geschlechtstrieb wird dann in der Regel autoerotisch und erst nach Überwindung der Latenzzeit stellt sich das ursprüngliche Verhältnis wieder her. Nicht ohne guten Grund ist das Saugen des Kindes an der Brust der Mutter vorbildlich für jede Liebesbeziehung geworden. Die Objektfindung ist eigentlich eine Wiederfindung.«

Zunächst, so der Gedanke hier, habe der Sexualtrieb ein Objekt außerhalb des eigenen Körpers. Der Weg zu diesem Objekt werde ihm durch die Selbsterhaltungs- und Bindungsbedürfnisse, mit denen er in der Zeit der Anlehnung verbunden auftritt, gewiesen. Dieses erste Objekt ist ein »Befriedigung spendendes Organ«, ein Partialobjekt. Dessen Verlust gehe, so Freud, damit einher, dass das Totalobjekt, also die

Mutter als ganze Person, seine Umrisse gewinne. Erst wenn sich der Sexualtrieb in diesem Zusammenhang vom Selbsterhaltungsbedürfnis emanzipiere und sich von einem äußeren Objekt hin zu einem inneren phantasmatischen Objekt wende, gewinne er die Freiheit, nach einem Modell zu funktionieren, welches Freud autoerotisch nennt: Er kann Lust auch unabhängig vom Anderen, allein am eigenen Körper finden. Freud (1905d, S. 36) bringt die Rede in diesem Zusammenhang immer wieder gern aufs »Ludeln (Wonnesaugen)«.

Das Objekt des Selbsterhaltungsinstinkts ist ein reales Objekt, welches aufgrund seines Wertes, zum Beispiel des Nahrungswertes der Milch, in der Lage ist, Bedürfnisse zu befriedigen. Das Objekt des Sexualtriebes hingegen ist nicht in der Sphäre der Realität, sondern in jener der Fiktion bzw. der unbewussten Phantasie zu verorten, einer Phantasie, von welcher die Realität – der eigene Daumen oder ein späterer Liebespartner – immer nur ein zwar erregender, aber letztendlich doch irgendwie unbefriedigender Abklatsch bleiben wird. Damit stellt sich offensichtlich nach der Latenzzeit nicht, wie Freud unterstellt, das ursprüngliche Verhältnis wieder her. Das neu auftauchende Objekt ist gerade nicht mehr das Objekt der Funktion, sondern das libidinöse, mit Phantasien besetzte Objekt des Triebes.

Die zitierte Passage bildet in der heterogenen Perspektivenvielfalt der »Drei Abhandlungen« eine Weggabel mit der von Freud keine dreißig Seiten zuvor selbstbewusst geäußerten exakt gegenteiligen Überzeugung von einer ursprünglichen totalen Objektlosigkeit (später von ihm mit dem problematischen Begriff des »primären Narzissmus« gefasst): Die infantile Sexualität »kennt noch kein Sexualobjekt« und sei nicht etwa erst in einer zweiten Phase, sondern von Beginn an autoerotisch strukturiert (Freud, 1905d, S. 38). An dieser Weggabel entscheidet sich, ob man die Triebtheorie in die Enge einer solipsistischen Psychobiologie laufen lassen möchte – möglicherweise, um sie dann wie etwa Greenberg und Mitchell (1983) als Ganzes zurückweisen zu können – oder aber ob man sie in Richtung hin auf den Anderen weiterführen möchte. Der eine Weg führt uns zu »angeborene[n], in der Konstitution gegebene[n] Wurzeln des Sexualtriebes« (Freud, 1905d, S. 29), welche dem Instinkthaften verdächtig ähnlich sehen, der andere hingegen zum »Verkehr des Kindes mit seiner Pflegeperson« (Freud, 1905d, S. 64). Beide Wege sind in den »Drei Abhandlungen« vorgezeichnet. Ich möchte vorschlagen, sich an dieser Weggabel mit Laplanche für letztere Option und damit für eine »Dynamisierung der Sexualtheorie« (Aichhorn, 2019) zu entscheiden. Der hiermit gewählte Weg zum Anderen und zu einer intersubjektiven Triebtheorie ist ein Weg, den Freud in seiner Konzeption des Triebes zwar gewiesen, aber selbst nur zögerlich beschritten hat.

Rätselhafte Botschaften – scheiternde Übersetzungen

Aufgrund seiner »physiologischen Frühgeburt« (Portmann, 1956) ist das menschliche Neugeborene für relativ lange Zeit auf den Anderen – Freud (1950c, S. 426) spricht von der »helfende[n] Macht« des »Nebenmenschen« – angewiesen, um zu überleben. In diesem Angewiesensein liegt, wie Müller-Pozzi (2008) herausarbeitete, die strukturelle Bedingung dafür, dass sich eine infantile Sexualität nicht nur bilden kann, sondern vielmehr bilden muss.

In der notwendigen Interaktion zwischen Kind und Pflegeperson findet zwischen beiden ein unvermeidbar doppelbödiger Dialog statt (siehe Abbildung 2): Zum einen handelt es sich um einen Bindungsdialog, welcher sich durch präformierte Passung von Bedürfnis (Hunger, Sicherheit etc.) und Antwort (Milch, Schutz etc.) auszeichnet und in welchem beide am Dialog Beteiligten aufeinander abgestimmt miteinander interagieren. Wäre der Mensch ein reines Instinktwesen, dann wäre an dieser Stelle Schluss. Doch der Gedanke der Anlehnung führt in den mit der Selbstverständlichkeit des Instinkthaften funktionierenden wechselseitigen Dialog ein Störgeräusch ein: das Sexuelle. Denn die Pflegeperson, so der provokante Gedanke, mit welchem Freud (1905d, S. 64) das elterliche Unbewusste einführt, bedenkt »das Kind selbst mit Gefühlen […], die aus ihrem Sexualleben stammen«. Dem bedürftigen Kind steht in der Pflege nicht nur ein es versorgender und symmetrisch auf die Befriedigung seiner basalen Bindungs- und Selbsterhaltungsbedürfnisse abgestimmter Erwachsener gegenüber, sondern einem Kind, das kein Unbewusstes hat, steht zugleich in einer fundamental asymmetrischen Weise ein Erwachsener gegenüber, der über ein Unbewusstes verfügt.

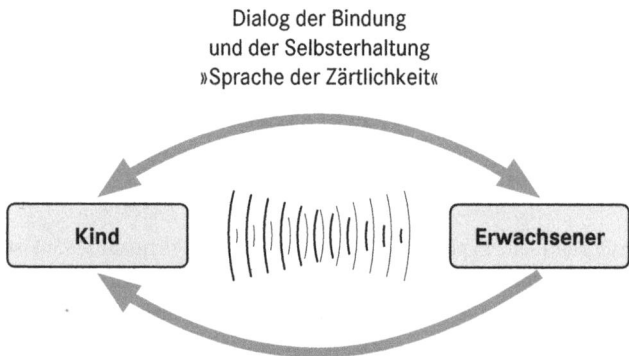

Abbildung 2: Der doppelbödige Dialog zwischen Erwachsenem und Kind: Der Bindungsdialog fungiert als Trägerwelle für die diesen kontaminierenden und aus dem sexuellen Unbewussten des Erwachsenen stammenden rätselhaften Botschaften (nach Laplanche, 2000b/2017, S. 49)

Einem Kind, das *kein* Unbewusstes hat? – Wer an dieser Stelle stockt, der stockt zu Recht. Denn hier handelt es sich um eine Differenz zwischen dem Denken Laplanches und Freuds, die nicht immer deutlich markiert wird: Laplanche behauptet in der Tat, dass das Kind weder von Anfang an ein eigenes Unbewusstes noch eine in der Konstitution verankerte infantile Sexualität besitze. Er stellt Freuds (1910a, S. 43) These, dass das Infans genau dies »von Anfang an […] mit auf die Welt« bringe, etwas zugespitzt als »biologistische Verirrung Freuds« (Laplanche, 1993/2021, S. 16) dar. Nicht ein phylogenetisch tradiertes Es ist der quasi-biologische Ursprung eines primären Unbewussten, welches Verdrängung erst nach sich zieht, sondern das Unbewusste ist sekundäres Ergebnis einer erst durch den Anspruch des Anderen und die von diesem ausgesendeten Botschaften notwendigen Verdrängungsbewegung.

Wie der Traum oder die psychoanalytische Situation ist auch die Pflege eines Kindes einer jener Orte, welche das infantile Sexuelle im Erwachsenen in besonderer Weise anzuregen vermögen. Ein Kind ist für den Erwachsenen assoziativ mit einem sexuellen Verhältnis verknüpft, dem es seine Zeugung zumeist verdankt. Zudem wird es oft bereits vor seiner Geburt zu einem hochgradig libidinös besetzten Objekt für seine Eltern, welche es in ihre – bewussten und unbewussten – Wünsche miteinschließen. Wendet sich der Erwachsene dann im Bindungsdialog pflegend, nährend, fürsorgend, zärtlich und liebevoll an das auf ihn angewiesene Kind, so können wir davon ausgehen, dass alle seine Handlungen und Botschaften dabei immer auch – da er zwar erwachsen, aber eben nach psychoanalytischer Überzeugung deswegen noch lange nicht Herr im eigenen Haus ist – ihren manifesten Intentionen zum Trotz von latenten Botschaften, Wünschen und Wirkabsichten durchdrungen sind, welche aus seinem eigenen infantil-sexuellen Unbewussten stammen. Die Bindung ist vor dem Sexuellen da, wird jedoch rasch durch dieses kontaminiert. Der Code der Bindung – oder mit Ferenczi (1933/1964) gesprochen: die »Sprache der Zärtlichkeit« – fungiert als Trägerwelle, welche das aus dem elterlichen Unbewussten stammende Sexuelle – die »Sprache der Leidenschaft« – als Störgeräusch mittransportiert.

Wenn das Kind versucht, die Welt, sich selbst und den Anderen zu verstehen, dann ist es darauf angewiesen, mit dem Unverständlichen und Irritierenden an den Botschaften des Anderen irgendwie zurechtzukommen. Laplanche (2004a) spricht hier von »rätselhaften Botschaften«: Das Rätsel des Anderen muss vom sich konstituierenden Subjekt gemeistert, übersetzt, in eine erträgliche Form gebracht werden. Doch woher kommt das Rätsel? – Rätselhaft sind die aus dem sexuellen Unbewussten der erwachsenen Pflegeperson stammenden Botschaften, da sie mit den innerhalb der Selbsterhaltungssphäre für eine wechselseitig funktionierende Verständigung zwischen Kind und Pflegeperson zur Verfügung stehenden Bindungs- und Beziehungscodes nicht entschlüsselt werden können. Sie sind wohlgemerkt nicht nur für ihren Empfänger, das Kind, sondern eben auch für ihren Sender, den Erwachsenen, rätselhaft.

Der Umgang des Subjekts mit den rätselhaften Botschaften des Anderen wird von Laplanche nach dem Modell der Übersetzung konzipiert: Jede Übersetzung von einer Sprache in eine andere – denken wir nur an Freuds Charcot-Übersetzung (siehe Kapitel 1) oder an Stracheys Übersetzung von »Trieb« mit »instinct« (siehe Kapitel 4.2) – übersetzt zwar einen verstandenen Teil und eignet sich diesen damit an, aber muss dafür zugleich den Preis bezahlen, etwas Unverstandenes, bei diesem Aneignungsprozess Abfallendes, unübersetzt zu lassen. Ebenso ist jeder Übersetzungsversuch der rätselhaften Botschaften unvollständig und damit notwendigerweise zum (teilweisen) Scheitern verurteilt. Das dabei unübersetzt Bleibende wird, so Laplanche, verdrängt und konstituiert die Quellobjekte des kindlichen Unbewussten. Die Konfrontation des Kindes mit der Welt des Erwachsenen ist die Geburtsstätte des unbewussten, infantilen Sexuellen.

Doch auch in der psychischen Tätigkeit des der Sprache mächtigen Erwachsenen gelangt das Übersetzen zu keinem absehbaren Ende. Übersetzend gilt es sowohl den Anspruch des Unbewussten zu meistern, welches wir nur kennen können, nachdem es eine »Übersetzung in Bewußtes erfahren hat« (Freud, 1915e, S. 270), als auch mit den vielfältigen Botschaften zurechtzukommen, mit denen wir von anderen adressiert werden. Damit erweist sich das Übersetzen, so Peter Passett (2001, S. 97), als eine »alles durchziehende Grundfunktion und Bedingung des menschlichen Psychischen«.

Zonen des Austausches

Die Kategorien »Rätsel«, »Botschaft« und »Übersetzung« mögen auf den ersten Blick recht körperfern wirken. Doch das triebhafte Sexuelle ist in keiner Weise weniger somatisch, weniger im Körperlichen und Leiblichen verankert als der Sexualinstinkt (Rugenstein, 2016). Das

Somatisch-Biologische stellt die Möglichkeitsbedingungen zur Verfügung, innerhalb derer nicht nur die Sexualität als ein psychologisches, soziales und kulturelles Phänomen ihre jeweilige historische Gestalt gewinnt (Padgug, 1979), sondern innerhalb derer auch das Sexuelle entsteht. Die Pflegehandlungen des Erwachsenen bringen ja gerade den Körper ins Spiel. Es geht hierbei um die Erfahrung, dass der Körper im Austausch mit einem anderen Körper erregbar ist. Diese Erfahrung, so ein Gedanke Freuds (1905d, S. 38 f.), kristallisiere sich an bestimmten Körperstellen, die er – Charcots (1887/1886, S. 70) Konzept der »hysterogenen Zonen« implizit aufgreifend – »erogene Zonen« nennt. Diese Zonen zeichnen sich zwar auch durch eine besondere physiologisch bedingte Erregbarkeit aus, sie bilden aber vor allem »Zonen des Austausches« (Laplanche, 1970/1974, S. 68) mit der Mit- und Umwelt: Es sind Körperstellen, die besonderer Aufmerksamkeit und Pflege bedürfen und folglich beim Füttern oder Reinigen von Bezugspersonen mit intensiver Zuwendung bedacht und besonders häufig gereizt werden.

Die erogenen Zonen – vor allem Mund, Anus, Genitalien, aber auch Augen, Ohren, Nase und, wie Freud (1905d, S. 47) betont, »in gewissem Grade« die »ganze Hautoberfläche« – sind jene Öffnungen hin zur Welt, an denen im Kontakt mit dem Erwachsenen jenes Andere, jener »*innere Fremdkörper ins Kind* eindringt, der *die sexuelle Erregung* eigentlich ist« (Laplanche, 1970/1974, S. 39). Dieser innere Fremdkörper stellt eine beständig drängende »Arbeitsanforderung für das Seelenleben« – nach Freud (1905d/1925, S. 67) Charakteristikum des Triebes – und ist so dafür verantwortlich, dass sich jenes faszinierende Mobile, welches Freud so gern den »psychischen Apparat« nennt, überhaupt erst in Bewegung setzt.

Henne und Ei

In der von ihm als »anthropologische Grundsituation« bezeichneten Begegnung des Kindes mit dem Erwachsenen fand Laplanche (2004b) eine Antwort auf die Frage nach der Entstehung des Sexuellen, die sich dadurch auszeichnet, dass sie gerade nicht von Mutter, Vater und Kind redet und somit auf spezielle Lebensformen zurückgreift, sondern dass es ihr um die fundamentale Asymmetrie zwischen Kindern und Erwachsenen, zwischen Neuankömmlingen und denen, die schon da sind, geht. Die Laplanche'sche Theorie zur Genese des Sexuellen gruppiert sich damit um ein kunstvolles Paradoxon nach dem Vorbild von Henne und Ei: *In der anthropologischen Grundsituation trifft ein nicht mit einem angeborenen Unbewussten ausgestattetes Kind auf einen Erwachsenen, der über ein Unbewusstes verfügt, weil er selbst einmal ein Kind war, das auf einen Erwachsenen angewiesen war, usw.*

Wir können nun die Aussage, dass beim Menschen das triebhaft Sexuelle zeitlich gesehen vor dem instinkthaft Sexuellen auftritt, dahingehend erweitern, dass beim Menschen »*das erworbene Sexuelle seltsamerweise vor dem Angeborenen kommt*« (Laplanche, 2000a/2017, S. 30). Finden wir am Ursprung des Sexuellen gerade nicht die Biologie, sondern den Anderen, so wird deutlich, wie das aus dem Kontakt mit diesem Anderen erst entstehende Unbewusste als das Andere in uns fortbesteht. Das infantile Sexuelle ist nicht nur eine andere Sexualität (siehe Kapitel 1), sondern ursprünglich auch die Sexualität des Anderen. Das Unbewusste entpuppt sich damit gerade nicht, wie es populäre Rezeptionen der Psychoanalyse oft unterstellen, als unser »eigentlicher Kern« oder unser »innerstes Wesen«, sondern ganz im Gegenteil als innere Alterität, als das Andere in uns, was uns als Subjekte dezentriert und in Unruhe versetzt. Der Konflikt, in welchen das Ich, der spätere Stellvertreter der Interessen der Selbsterhaltung, mit dem Sexuellen immer wieder gerät, ist nichts anderes als das »Bemühen, den Anderen im eigenen Inneren in Schranken zu halten« (Laplanche, 1996, S. 24). An dieser Stelle an Laplanche anzuknüpfen bedeutet auch, der von Freud mit der letzten Version seiner Triebtheorie (Lebens- vs. Todestriebe) hinterlassenen Versuchung zur Naturalisierung der menschlichen Konflikthaftigkeit zu widerstehen und den Konflikt konsequent als etwas in den Menschen Hineinsozialisiertes, als *verinnerlichten* Konflikt, zu verstehen.

4.4 Verwirrung um das Sexuelle: Sexualität, Eros und Liebe

An dieser Stelle kann keine ausführliche Erörterung von Freuds letzter Version einer psychoanalytischen Triebtheorie, der Entgegensetzung von Lebenstrieb (Eros) und Todestrieb, geleistet werden (s. hierzu Schmidt-Hellerau, 1995; Laplanche, 1970/1974; Zagermann, 1988). Ich möchte die Aufmerksamkeit hier vor allem darauf lenken, dass sich mit Freuds (1920 g) Einführung des Todestriebes der Status der Sexualität in der Gesamtkonzeption der Triebtheorie radikal änderte: War die Sexualität bislang jene dämonische, sprengende, entbindende und zugleich faszinierende Macht in uns, welche auf der Seite des Verdrängten und Unterdrückten situiert wurde, so wird sie mit »Jenseits des Lustprinzips« die Seiten wechseln und von nun an die Rolle des Verbindenden und Versöhnenden einnehmen. Das Anarchische und Chaotische ist nun nicht länger auf der Seite der dem Eros eingemeindeten Sexualität verortet, sondern vielmehr auf jener des Todestriebes: Das Leben ist in Ordnung; das Außer-Ordentliche, das ist der Tod. Sexualität tritt in diesem Stadium des Freud'schen Denkens primär als Synthese und Vereinigung schaffende, kurz: als eine organisierte und organisierende Macht auf.

Freud selbst versäumte es zugleich nicht, auf die Möglichkeit hinzuweisen, dass mit der Bezeichnung »Eros« der Clou der psychoanalytischen Entdeckung des Sexuellen verdeckt werden könne. Kein Jahr, nachdem er in »Jenseits des Lustprinzips« die »Libido unserer Sexualtriebe mit dem Eros der Dichter und Philosophen zusammenfallen« ließ (Freud, 1920 g, S. 54) und im Vorwort zur vierten Auflage der »Drei Abhandlungen« spekulierte, »wie nahe die erweiterte Sexualität der Psychoanalyse mit dem Eros des göttlichen Plato zusammentrifft« (1905d/1925, S. 32), bekannte Freud (1921c, S. 99) überraschend: »Wer die Sexualität für etwas die menschliche Natur Beschämendes und Erniedrigendes hält, dem steht es ja frei, sich der vornehmeren Ausdrücke Eros und Erotik zu bedienen. Ich hätte es auch selbst von Anfang an so tun können und hätte mir dadurch viel

Widerspruch erspart. Aber ich mochte es nicht, denn ich vermeide gern Konzessionen an die Schwachmütigkeit. Man kann nicht wissen, wohin man auf diesem Wege gerät; man gibt zuerst in Worten nach und dann in der Sache.« Möchte die Psychoanalyse nicht dem erliegen, was Freud hier Schwachmütigkeit nennt, so gilt es, den kritischen Impetus und das subversive Potenzial von Freuds Entdeckung – im Wort und in der Sache – erneut zu entfalten.

Bedenkenswert in diesem Zusammenhang ist, inwieweit sich der Freud'sche Eros letztendlich gar, wie Laplanche (1970, S. 15) unterstellt, als »eine ›antisexuelle‹ Kraft« entpuppt. Fällt, wie Freud (1940a, S. 71) am Ende seines Lebens meint, der »Gegensatz von Selbsterhaltungs- und Arterhaltungstrieb […] noch innerhalb des Eros«, so stellt sich mit Nachdruck die Frage nach dem Verbleib jenes nicht der Arterhaltungsfunktion dienenden infantilen Sexuellen. Können wir nicht gerade den Todestrieb als die Wiedereinsetzung des im Konzept des Eros unbezwungenen Pols der Sexualität und damit als einen genuin sexuellen Trieb verstehen (Laplanche, 1996)? Mit dem Todestrieb würde somit nicht eine nichtsexuelle Form der Aggressivität eingeführt, sondern vielmehr auf den der Sexualität selbst innewohnenden spannungsvollen Gegensatz von Bindung und Entbindung hingewiesen.

Einmal bezeichnet Freud (1940a, S. 71) den Eros nicht als Lebens-, sondern als »Liebestrieb«. Überhaupt scheint er »Liebe« und »Sexualität« oft als mehr oder weniger austauschbare Begriffe zu verwenden, so zum Beispiel, wenn er bemerkt, dass die Psychoanalyse »das Wort Sexualität in demselben umfassenden Sinne wie die deutsche Sprache das Wort ›lieben‹« gebrauche (Freud, 1910k, S. 120). Doch diese Analogie erweist sich nicht nur deshalb als schief, weil hier die Verwendung eines Substantivs mit der eines Verbums gleichgesetzt wird. In eine differenziertere Richtung weist Freuds (1915c, S. 229) Feststellung, dass der Terminus »Liebe« nicht für die Relation des Triebes zum Objekt, sondern vielmehr »für die Relation des Gesamt-Ichs zu den Objekten« verwendet werde. Das Subjekt des Sexuellen ist der Trieb, das Subjekt der Liebe ist das Ich. Das Objekt des Triebes ist das

Partialobjekt, das Objekt der Liebe ist ein ganzheitliches Objekt. Das Ich vereinheitlicht dabei das anarchische, heterogene, ungebundene infantile Sexuelle nicht nur und bindet es mehr oder weniger gut in die Struktur der Objektliebe ein, sondern es ist zugleich – so können wir mit Freuds (1914c) Entdeckung des Narzissmus postulieren – das erste ganzheitliche Objekt, auf welches sich die Liebe richtet.

Es ist eine gewisse Herausforderung, die Liebe zum Anderen unter einen Hut zu bringen mit Wunsch und Begehren nach dem Objekt des Triebes, ohne dabei in eine Beziehungskonstellation einzumünden, die Freud (1912d, S. 82) auf die griffige Formel brachte: »Wo sie lieben, begehren sie nicht, und wo sie begehren, können sie nicht lieben.« Wollen wir Liebe nicht als eine rein zärtlich-desexualisierte Angelegenheit verstehen, so enthüllt sie sich als eine Gestalt, in welcher die Prinzipien der Bindung und der Entbindung beständig miteinander in Spannung stehen. Verfolgt die Psychoanalyse, wie Freud (1907a) unterstellt, als ein vorrangiges Ziel, Liebesfähigkeit wiederherzustellen, so bedeutet dies, nach den Bedingungen zu suchen, unter denen es dem jeweiligen Einzelnen in einer freieren Art und Weise möglich ist, diese Spannung in seinem Leben lustvoll auszutragen.

4.5 Ödipus: Ein psychoanalytischer Mythos

Freuds Konstruktion des Ödipuskomplexes als Hauptbezugsachse der Psychopathologie befriedigt das menschliche Bedürfnis nach Selbsttheoretisierung, indem sie das Namenlose und Rätselhafte in uns in eine benenn- und beherrschbare Form übersetzt. Es gilt jedoch nicht zu vergessen, dass die Geschichte von Ödipus als ein solcher Übersetzungsversuch gerade nicht auf der Seite des Verdrängten, sondern vielmehr auf jener des Verdrängenden anzusiedeln ist (Laplanche, 2004a). Die großen Erzählungen der Psychoanalyse – »Die Trieblehre ist sozusagen unsere Mythologie«, bekennt Freud (1933a, S. 101) – sind Organisatoren, welche das Sprachlose in uns unter den Einfluss des Ichs zu bringen versuchen und so zwangsläufig dazu verdammt, dass ein unerzählt bleibender Rest gerade durch die entwickelten Erzählungen unbewusst gemacht wird.

Es ist eine bedenkenswerte Frage, inwieweit damit nicht nur der psychoanalytische Ödipusmythos, sondern auch alle anderen Versuche, das Sexuelle theoriefähig zu machen, letztendlich in ihrer Funktion dem ähneln, was Freud (1908c) »infantile Sexualtheorien« nannte: der Versuch, eine mehr oder weniger befriedigende Antwort zu finden auf die beunruhigende Frage nach dem Ursprung und auf das Rätsel, welches das Sexuelle ist. Die vermeintlich erwachsene Sexualforschung, sei sie noch so kritisch und noch so psychoanalytisch, würde sich damit als nichts anderes entpuppen als eine Verlängerung der von Freud (1905d/1925, S. 95 ff.) so anschaulich beschriebenen »infantilen Sexualforschung«.

4.6 Sexualtheorie als Konflikttheorie

Menschliche Sexualität wird von vielfältigen Konfliktlinien durchzogen, von denen hier einige nachgezeichnet wurden. In einer Phase seines Denkens stellte Freud (1919d, S. 322) dabei insbesondere den »Konflikt zwischen dem Ich und den von ihm verstoßenen Sexualtrieben« als den Grundkonflikt der Neurosen heraus und betonte, »daß ein Konflikt zwischen den Ansprüchen der Sexualität und denen des Ich an der Wurzel jeder solchen Affektion zu finden sei« (Freud, 1915c, 217).

Eine psychoanalytische Konflikttheorie lässt sich nur wenig überzeugend auf dem Dualismus zweier Triebarten – seien es Selbsterhaltungs- versus Sexualtriebe oder Lebens- versus Todestriebe – aufbauen. Freuds obige Formulierung aufgreifend kann der Konflikt vielmehr als jener zwischen *Ich und Trieb* (bzw. zwischen Ich und Sexuellem) verstanden werden. In der Sexualität treffen Primär- und Sekundärprozess, Unbewusstes und Bewusstes, Trieb und Ich, die Suche nach Lust und das Angewiesensein auf die Realität ebenso aufeinander wie Somatisches und Psychisches, Individuelles und Soziales, Eigenes und Fremdes, Natürliches und Kulturelles. Das psychische Leben entfaltet sich aus der Differenz und aus dem Konflikt. Sexualität ist ein Ort, an dem das Subjekt sich mit seiner daraus resultierenden Zerrissenheit konfrontiert sieht, und damit, wie Alfred Lorenzer (1984, S. 196) es formulierte, »ein Schauplatz *der Anpassung ebenso wie des Widerstands*«, ein Feld also, auf dem eine Auseinandersetzung unausweichlich ist.

5 Praxis: Das Sexuelle in der psychoanalytischen Behandlungstechnik

Angesichts der sich wandelnden Anliegen, mit denen Menschen eine Therapie suchen, steht die Relevanz eines Primats des Sexuellen zur Debatte: Geht es in der psychoanalytischen Praxis noch in erster Linie um eine Auseinandersetzung mit der konflikthaften inneren *Wunschwelt* unserer Patientinnen und Patienten oder steht nicht zunehmend die Befriedigung früher, frustriert gebliebener *Bedürfnisse* danach, gehalten, genährt und geliebt zu werden, im Vordergrund? Die vor dem Hintergrund der Indikationsentscheidungen für eine eher konflikt- oder eine eher strukturbezogene Therapie zunächst etwas abstrakt anmutende Frage, ob Sexualität noch den Kern der Psychoanalyse ausmache oder ob sich nicht vielmehr mit Paul Parin (1986, S. 11) die »Verflüchtigung des Sexuellen in der Psychoanalyse« konstatieren lasse, berührt dabei das Selbstverständnis einer jeden praktizierenden Analytikerin und eines jedes praktizierenden Analytikers: Verstehen wir uns vornehmlich als *Adressat der unbefriedigten Bedürfnisse* oder doch eher als *Adressat der unbewussten Wünsche* unserer Patientinnen und Patienten? Bieten wir uns ihnen entsprechend dieses Selbstverständnisses daher hauptsächlich als *gutes und haltendes Objekt der Bindung* oder doch eher als *rätselhaftes und verführerisches Objekt des Triebes* an? Und konzeptualisieren wir die therapeutische Arbeit infolgedessen überwiegend als *Aufarbeitung eines frühen, exogen bedingten Entwicklungsdefizits* mit dem Ziel der *Reifung* oder doch eher als *Arbeit am und im Konflikt* mit dem Ziel der *Emanzipation*?

Anders als ein verbreitetes Klischee es will, ist Sexualität auch in einer Praxis, welche sich eher dem letztgenannten der beiden hier etwas plakativ gegenübergestellten Modelle verpflichtet fühlt, nicht ständig das manifeste Thema von psychoanalytischen Sitzungen: Es geht weniger darum, unablässig über Sex zu reden, als vielmehr darum, in einer Art und Weise – über was auch immer – miteinander ins Gespräch zu kommen, welche die Dynamik des unbewussten Sexuellen zu aktivieren vermag. Ersteres wäre wohl für uns heutzutage – mindestens zwei sexuelle Revolutionen nach Freud – deutlich einfacher zu bewältigen als im Zeitalter der spätbürgerlichen Gesellschaft; Letzteres hingegen bleibt eine Herausforderung.

Dementsprechend wird es im Folgenden unter behandlungstechnischer Perspektive weder darum gehen, wie in Therapien *über* Sexualität gesprochen werden kann, noch darum, wie sexuelle Störungen verstanden und behandelt werden können (siehe dazu Sigusch, 2007). Gefragt werden soll vielmehr danach, wie die im vorangegangenen Kapitel erörterten Theorieelemente – Angewiesensein, hilfreicher Nebenmensch, anthropologische Grundsituation, Erregung und Beruhigung, Bindung und Entbindung, Übersetzung, rätselhafte Botschaft, Begehren und Wunsch, doppelbödiger Dialog, Symmetrie und Asymmetrie – in Psychoanalysen ins Werk bzw. in die Praxis gesetzt werden. Dazu werde ich zunächst die Rolle des Sexuellen in der Konzeption der psychoanalytischen Situation beleuchten, um darauf aufbauend den Zusammenhang zwischen dem Sexuellen und dem psychoanalytischen Prozess zu erläutern. Dabei wird auch das Phänomen der Übertragungsliebe in den Fokus rücken. Mit diesen Akzentsetzungen dürfte ebenso wie mit einer sich um Konflikt und Verdrängung zentrierenden Theorie des Sexuellen deutlich sein, dass das hier vorgestellte Modell des psychoanalytischen Settings, der psychoanalytischen Haltung und des psychoanalytischen Intervenierens nicht für sich beansprucht, ohne Modifikationen für die Arbeit mit sämtlichen Patientenpopulationen indiziert zu sein (siehe z. B. zu psychotischen und Borderline-Aspekten Laplanche, 2004a, S. 903 ff.; Müller-Pozzi, 1991, S. 183 ff.).

5.1 Im Bottich: Das psychoanalytische Setting als sexueller Ort

Psychoanalytischer Verkehr

Freud (1905e, S. 278) wurde nicht müde, immer wieder von Neuem seine These zu wiederholen, dass »die Sexualität der Schlüssel zum Problem der Psychoneurosen wie der Neurosen überhaupt ist«. Wer diesen Schlüssel verschmähe, so Freud weiter, der werde »niemals aufzuschließen imstande sein«. Als Forschungs- und als Behandlungsmethode stellt die Psychoanalyse eine *Öffnungsbewegung* dar: Es geht in ihr darum, scheinbar abgeschlossene Übersetzungs- und Abwehrversuche des drängenden Unbewussten für eine Neubearbeitung zu öffnen, um so Entwicklung zu ermöglichen. Das Sexuelle ist dabei nicht nur der Schlüssel zur Neurose, sondern, indem es sich als eine wesentliche Triebkraft des analytischen Prozesses entpuppt, auch zu deren therapeutischer Bearbeitung. In diesem Zusammenhang ist es bemerkenswert, dass Freud (1913c) seinen Patientinnen und Patienten gegenüber für das Psychoanalysieren mit dem Bild einer Eisenbahnreise ausgerechnet eine Metapher verwendete, auf deren »exquisit sexuelle Symbolik« er nicht nur in den »Drei Abhandlungen« (1905d, S. 48) hinwies. »Der ›Bahnhof‹«, so Freud (1905e, 262) lakonisch zu seiner Patientin Dora, »dient übrigens dem ›Verkehr‹«. Möglicherweise spricht Freud auch deswegen in seinen behandlungstechnischen Schriften so gern vom »psychoanalytischen Verkehr« (1912e, S. 284) und empfiehlt Analytikerinnen und Analytikern mit der gleichschwebenden Aufmerksamkeit eine Haltung, in welcher sie zunächst besser einmal nichts, also nur Bahnhof, verstehen sollen.

In der »Traumdeutung« entdeckte Freud, dass der unbewusste Wunsch seine Wirkung gerade dadurch entfaltet, dass er sich mit einer »harmlosen, dem Vorbewußten bereits angehörigen Vorstellung« in Verbindung setzt und auf diese seine Intensität überträgt. Freud (1900a, S. 568) nannte zunächst einmal dies »die Tatsache der Übertragung«. Grundlage der derart verstandenen Übertragung ist die Möglichkeit der Trennung einer Vorstellung von dem zu ihr gehörenden Affekt bzw. eines Vorstellungsinhalts von dessen libidinöser Besetzung. Erst diese Trennung ermöglicht die prinzipielle Verschiebbarkeit von Affekten: Gerade scheinbare Kleinigkeiten, harmlose Nebensächlichkeiten und banale Alltäglichkeiten (die Schuhe des Analytikers, das Nummernschild seines Autos, sein Händedruck, ein Kissen auf der Couch, ein Alltagsritual etc.) werden so im Laufe einer Analyse oft hochgradig libidinös besetzt und erweisen sich als Kristallisationspunkte von Wunsch und Abwehr. Der Analytiker und das analytische Setting sind in diesem Sinne nur zwei für die Verschiebung von libidinösen Affekten auf sie besonders prädestinierte Wahrnehmungsinhalte, welche sich – ähnlich wie ein Tagesrest dem Traum – im Hier-und-Jetzt anbieten. Es geht in dem von Freud in der »Traumdeutung« entworfenen Übertragungsmodell – Bollas (2006) wies darauf pointiert hin – gerade nicht darum, dass immer irgendwie auch der Analytiker gemeint ist, sondern vielmehr darum, »daß oberflächliche Assoziationen nur ein Verschiebungsersatz sind für unterdrückte und tiefer gehende« (Freud, 1900a, S. 536 f.).

Winnetou zum Beispiel

Ich wähle zur Illustration dessen, wie sich libidinöse Besetzungen und sexuelle Wünsche gerade an asexuelle und banale Inhalte anheften können, einen Ausschnitt aus einem Roman von Karl May, verfasst in der Zeit der Geburt der Psychoanalyse. Das Beispiel entstammt einem narrativen Universum, welches viele gerade wegen der vermeintlichen Harmlosigkeit der Abenteuer, in denen die edlen und guten Retrosuperhelden Winnetou und Old Shatterhand für Frieden und Gerechtigkeit eintreten, für alle Altersstufen geeignet halten und vielleicht selbst aus ihren eigenen Kindertagen noch erinnern.

›»Uff!‹ rief Winnetou überrascht aus […] ›Wenn ich recht vermute, so kenne ich das Finding-hole […].‹
›Könnte es nicht ein anderes Placer sein?‹ fragte ich.
›Möglich, […] aber‹ – und dabei ging ein wunderliebes Lächeln über sein schönes Angesicht – ›mir sagt eine innere Stimme, daß es kein

anderes als mein Finding-hole ist. Ich werde voran reiten, und mein
Bruder [...] reitet [...] bis unten zu der Felsenspalte und in diese hinein.
Es scheint, als ob dies unmöglich sei, aber er wird bald bemerken,
daß dies geht. [...]‹ [...]
Ich stieg ab, um einen Blick hineinzuwerfen [...] dann konnte die
Passage probiert werden. Es war anfänglich grad genug Platz für
einen Reiter vorhanden [...] dann aber wurde die Spalte breiter und
bequemer, bis sie sich zu unserer Ueberraschung zu einem großen,
länglich runden Felsenkessel verbreiterte, durch den das Wasser
ruhig und wie ein silberheller Faden floß; es kam hinten aus einem
so niedrigen Spalt, daß kaum ein Mensch Platz zum Hineinkriechen
hatte. Es schien hier ein ganzes System von Spalten, Klüften und
Kesseln vorhanden zu sein« (May, 1897, S. 544 ff.).

Die naive und unschuldige Oberflächenhandlung der May'schen
Abenteuergeschichtchen erlaubt es, sich unter dem Schutzmantel
der Entstellung dem Fluss der eigenen Assoziationen hinzugeben
und sich so der Sphäre des Sexuellen anzunähern. Dabei gewinnt
eine »Sexualgeographie« (Freud, 1905e, S. 262) des wilden Westens –
»eine Welt, aus Hintern erbaut«, um mit Arno Schmidt (1963/1993,
S. 95) zu sprechen – ihre Konturen und lädt dazu ein, diese Welt
zusammen mit ihren Helden reitend wieder und wieder zu durch-
queren. Ein im manifesten Text – Freud nannte es »oberflächliche Assoziationen« – auftauchendes Thema (finding hole ... wunderlieb ...
reiten ... Spalten ... Höhlen ... hinein ... hineinblicken ... hinein-
werfen ... hineinkriechen ... silberheller Faden ... fließen) verweist
auf andere Sinnzusammenhänge – »unterdrückte und tiefer gehende
Assoziationen« –, wenn wir es aus dem harmlosen thematischen Feld,
in welchem es situiert wurde, herauslösen und probeweise im thematischen Feld des infantilen Sexuellen neu zentrieren. Dabei geht
es gerade nicht um so etwas wie Homo- und/oder Heterosexualität,
sondern darum, die Zonen und Öffnungen, die Rätsel und Schätze
des Körpers zu erkunden.

Entfesselung und Begrenzung

Wie Winnetou kreist auch der Psychoanalytiker um Lücken: Er interessiert sich für die Spalten, Auslassungen und Leerstellen, durch welche sich die Wirkung des Unbewussten in der geordneten Landschaft des Bewusstseins zu erkennen gibt. Das mit der infantilen Körpersphäre eng verwobene sexuelle Unbewusste soll durch das psychoanalytische Setting (Liegen!) und insbesondere durch die Methoden der freien Assoziation und der gleichschwebenden Aufmerksamkeit aufgeschlossen und angeregt werden (Rugenstein, 2019a). Damit dies in eine heilsame Bewegung münden kann, gilt es freilich, Anregung und Entfesselung des sexuellen Unbewussten auf eine für das psychoanalytische Arbeiten charakteristische Weise mit dem Element der Begrenzung und des Schutzes auszubalancieren: In der Konstitution des psychoanalytischen Settings geht es darum, eine Einfassung zu finden, in der es möglich ist, sich aus der Fassung bringen zu lassen. Um den Diskurs der Entbindung in Bewegung zu setzen, ist der analytische Raum auf eine umso klarere, konstantere und sicherere Umschließung angewiesen.

Freud war sich des explosiven Charakters dessen, was im analytischen Prozess entfesselt wird, bewusst und bemerkt dazu lakonisch, dass »kleine Laboratoriumsexplosionen […] bei der Natur des Stoffes, mit dem wir arbeiten, nie zu vermeiden sein« werden (Freud, 1974a, S. 114). Da ist sie also wieder: die Handgranate. Damit der potenziell explosive psychoanalytische Prozess in heilsamer Weise ablaufen kann, ist er, wie ein Kernreaktor, auf einen Sicherheitsbehälter, auf ein Containment, angewiesen. In Bion'scher (1962/1990) Terminologie – deren sexuelle Konnotation in diesem Zusammenhang bemerkenswert ist – ließe sich sagen: *Psychoanalytisches Setting und psychoanalytischer Prozess stehen zueinander in einer Container-Contained-Beziehung (♀♂).*

In der Dialektik von Entfesselung und Begrenzung gewinnt der analytische Raum seine Konturen. Es geht der Psychoanalyse, so Adam Phillips (2002), um das, was zwei Menschen sich sagen können, wenn sie sich darauf einigen, keinen Sex miteinander zu haben.

Analytiker und Analysand einigen sich darauf, in der Realität sehr klare Grenzen zu wahren, um in der Phantasie Grenzen überschreiten zu können. Für den Analytiker gilt dabei ebenso der umgekehrte Zusammenhang: Er muss es aushalten können, in der Phantasie Grenzen zu überschreiten, um in der Lage sein und bleiben zu können, in der Realität Grenzen zu schützen. Eine wesentliche Aufgabe des Analytikers besteht folglich darin, das zu sein, was Laplanche (1991/1996, S. 191) »Garant der Konstanz« nannte: Er muss immer wieder aufs Neue jenen (nach »außen«) abgegrenzten und zugleich (nach »innen«) offenen Raum zur Verfügung stellen, der die Möglichkeitsbedingung des analytischen Arbeitens ist. Um Psychoanalyse treiben zu können, so Laplanche (1987, S. 211), bedarf es nicht nur einer Couch und eines Sessels, sondern auch einer geschlossenen Tür. Die schützende Umgrenzung des analytischen Settings gibt dabei eine Öffnung, eine Höhlung frei: einen Leerraum, der dazu verführt, in ihm etwas unterzubringen.

Le baquet

Als Laplanche (1987) sich die Frage stellte, was die psychoanalytische Situation ausmache, kam ihm das zunächst wenig erotisch anmutende Bild eines Bottichs – *baquet* – in den Sinn. Die Rede ist dann von »le psychanalyste et son baquet« (Laplanche, 1987, S. 7), vom Psychoanalytiker und seinem Bottich (siehe Abbildung 3). *Baquet,* das ist ein meist aus Holz gefertigtes Gefäß mit niedrigem Rand, welches für verschiedene häusliche oder handwerkliche Zwecke eingesetzt werden kann. Ein umhüllter Leerraum also, ein negativer Raum (Rugenstein, 2015), der sich gerade dadurch auszeichnet, dass er nicht auf ein bestimmtes Ziel oder einen bestimmten Zweck hin konstruiert wurde. Der Bottich wird durch eine Wand abgegrenzt und macht somit einen Unterschied zwischen einem »Innen« und einem »Außen«.

Abbildung 3: Der Bottich *(le baquet):* der Ort, an welchem die Psychoanalyse stattfindet

Wir können den analytischen Bottich negativ charakterisieren über das, was in ihm *nicht* stattfindet, weil es durch die Einhegung aus ihm ausgeschlossen wird. Dazu müssen wir bedenken, dass Laplanche (1987, 2000) sein Bild vom Bottich nicht aus Freuds behandlungstechnischen Schriften, sondern ausgehend von der Freud'schen Blackbox aus dem siebten Kapitel der »Traumdeutung« gewann. Der Traum zeichnet sich nun unter anderem dadurch aus, dass das Ich – der Vertreter der Selbsterhaltungsinteressen – an die Peripherie rückt und dort vor allem den Wunsch vertritt, zu schlafen. Sobald sich Selbsterhaltungsinteressen, etwa in Form physiologischer Bedürfnisse oder äußerer Gefahren, aufdrängen, ist der Traum vorbei und der Träumende wird von der inneren zurück in die äußere Wirklichkeit geworfen. Nach dem Modell des Traums konzipiert stellt das analytische Setting einen Raum zur Verfügung, der sich dadurch auszeichnet, dass in ihm Selbsterhaltungs- und Anpassungsziele zwar nicht radikal ausgeschlossen, aber doch weitgehend in die Peripherie gerückt – Laplanche (1987/2011, S. 190) sagt: »tangentialisiert« – werden. Innerhalb des durch den Schlaf bzw. durch das psychoanalytische Setting eröffneten Raumes hat der Primärprozess mehr oder weniger freien Lauf. Wie der Traum ist auch die psychoanalytische Sitzung ein Areal des Wunsches, des Begehrens und des Rätsels oder, wie Laplanche (1987/2011, S. 189) es pointiert ausdrückte, ein »*rein triebhafter oder sexueller Ort*«.

Um den Bewegungen des Sexuellen im obigen Winnetou-Beispiel folgen zu können, müssen wir auch als Lesende zunächst etwas ausschließen (die zahlreichen von mir im May-Zitat vorgenommenen Auslassungen erleichtern dies): Wir nehmen uns als Lesende die Freiheit, die Fragen danach, wer genau die handelnden Personen, wann die historische Zeit und wo der geografische Ort der Handlung seien, ebenso in den Hintergrund bzw. über den Rand des Bottichs treten zu lassen wie das ehrgeizige Ziel, auf einer Landkarte die Koordinaten angeben zu wollen, an welchen der Goldschatz des Mescalero-Apachen-Häuptlings zu finden sei.

Die Gerade, welche das psychoanalytische Setting mit dem Traum verbindet, lässt sich hin auf die Welt des Fiktionalen verlängern. Deswegen kann auch ein Auszug aus einem fiktionalen Text wie einem Karl-May-Roman als ein Paradigma fungieren, um daran Elemente der psychoanalytischen Praxis zu demonstrieren: Das psychoanalytische Hören versucht nicht, die Assoziationen von Patienten auf ihre logische oder faktische Stichhaltigkeit hin zu befragen (»Was genau ist gemeint?«; »Hat es sich wirklich so zugetragen?«), sondern lädt vielmehr dazu ein, auch wenn ein Analysand gerade keinen Traum erzählt, seine Assoziationen wie einen Traumtext zu handhaben, also sie zu fiktionalisieren, wie Raguse (1992) es nennt. Erst damit gewinnt die psychische Realität des Wunsches den Freiraum, sich zu zeigen und sich im psychoanalytischen Prozess zu entfalten.

5.2 Psychodynamik: Die Bewegungen des Sexuellen im psychoanalytischen Prozess

In freier Assoziation und gleichschwebender Aufmerksamkeit ist das analytische Paar so aufeinander bezogen, dass sich das, was Morgenthaler (1984, S. 146) die »freischwebende Vitalität« des Sexuellen nannte, entfalten kann. Es geht im Bottich um eine Aktivierung von Libido. Unter dynamischem Gesichtspunkt lassen sich die Bewegungen des psychoanalytischen Prozesses – das Hin und Her von Wunsch und Abwehr, von Rede und Gegenrede, von Übertragung und Gegenübertragung – als Bewegungen des Sexuellen verstehen. In der tendenzlosen Bewegtheit, welche sich von den Konventionen der Alltagskommunikation ebenso freizuhalten versucht wie vom Verfolgen von Anpassungszielen, kann jenseits des manifesten Inhalts einer Stunde das hervortreten, was wir mit Melanie Kleins (1932, S. 35) schöner Formulierung den »dringlichen Punkt des unbewussten Materials«, den *point of urgency* nennen können: *jener Punkt der emotionalen Dringlichkeit, jenes unklare, sprachlose (in-fantile) Etwas in uns, was drängt und treibt.*

In der obigen May-Vignette zum Beispiel scheint das manifeste, nachvollziehbare, aber emotional auffallend wenig besetzte Ziel, Gold zu finden, vor allem eine plausible Rechtfertigung dafür abzugeben, um sich ganz der Dringlichkeit einer emotional sehr viel aufgeladeneren Suchbewegung hinzugeben, welche es ermöglicht, sich ausführlich mit diesem faszinierenden »System von Spalten, Klüften und Kesseln« zu beschäftigen.

Das Triebhafte zeigt sich im psychoanalytischen Prozess als »emotionale Bewegung« (Morgenthaler, 1985, S. 156). Indem der Analytiker sich auf diese Bewegung einstellt – Freud (1912e, S. 382) sagt: »wie der Receiver des Telephons zum Teller eingestellt ist« – und dabei als »Begleiter des Primärvorgangs« (Laplanche, 1991/1996, S. 191) fungiert, ermöglicht er die Entwicklung einer Übertragung, welche der Bewegung des Sexuellen folgt. Es ist dabei eine zentrale Herausforderung, nicht an den Ich-Leistungen unserer Patientinnen und Patienten kleben zu bleiben, sondern den unsinnigen, unsauberen und unverständlichen Verbindungen des Primärprozesses zu folgen. Die Aufgabe, das Sexuelle, Drängende und Treibende in der Übertragung aufrechtzuerhalten, bedeutet für den Analytiker auch, sich mit sekundärprozesshaft formulierten Deutungen und der Zurschaustellung seines theoretischen Wissens zurückzuhalten.

Ausgangspunkt der hier ins Auge gefassten Bewegung ist dabei die Konvergenz zwischen der analytischen Situation und der anthropologischen Grundsituation. Am Beginn einer Analyse steht in der Regel eine Konstellation, in der ein leidender und seinem eigenen Leiden mehr oder weniger ohnmächtig gegenüberstehender Patient Hilfe bei einem Analytiker sucht. Oftmals fehlen dem Patienten dabei die Worte für das, woran er leidet. Es gibt da etwas Sprach-loses, etwas In-fantiles (siehe Kapitel 3.2) in ihm, was ihn leiden macht. Leidend fühlt er sich auf die Hilfe eines Anderen angewiesen und hofft vom bzw. unterstellt dem Analytiker, dieser Andere zu sein. Dem passiven Angewiesensein auf die Hilfe eines Anderen steht das mehr oder weniger rätselhafte Angebot einer Analyse gegenüber, in der es darum geht, in der Beziehung zum Anderen, der der Analytiker ist, die ursprüngliche Beziehung zum Anderen in uns, zum sexuellen Unbewussten, wiederzubeleben. Die Beziehung zwischen Analysand und Analytiker ist unter dieser Perspektive gesehen von einer grundlegenden Asymmetrie gekennzeichnet und kann so erst in Resonanz mit der anthropologischen Grundsituation geraten, die ja ebenfalls eine asymmetrische war.

Die vom Analytiker an den Analysanden gerichtete Einladung, in den Bottich einzusteigen, verführt Letzteren zu einer regressiven Bewegung, weil er sich einer vom Analytiker zur Verfügung gestellten Situation anpasst, deren Charakteristika eben darin bestehen, dass sie regressiv, infantilisierend und fiktionalisierend ist. Es ist dieses verführerische Angebot des Analytikers, welches zur Übertragung anregt und ihn zum »Provokateur der Übertragung« (Laplanche, 1991/1996, S. 191) macht. In dieser Übertragung wird eine in mehr oder weniger abgeschlossenen Übersetzungen und Selbsttheoretisierungen zum Stillstand gebrachte Bewegung wieder in Gang gebracht. Als Ergebnis dieser Neuübersetzungen winkt nicht etwa, wie oft gemunkelt, eine vermeintliche »Auflösung« der Konflikte und Widersprüche, sondern vielmehr die Aussicht, Widerspruch und Konflikt für sich in eine neue, lebbarere Form zu bringen.

5.3 Zweideutigkeit: Das Sexuelle zur Sprache kommen lassen

Eine Anfang dreißigjährige Rechtsanwältin begab sich in Analyse, da sie im Rahmen ihrer Liebesversuche mit Männern immer wieder in depressive Krisen geraten war, in denen sie sich der eigenen Lebendigkeit beraubt fühlte. Im Laufe der Analyse wurde deutlich, wie sie darauf bedacht war, es keinem Mann zu erlauben, die in ihrem Leben aufgrund des frühen Verlustes des Vaters gerissene Leerstelle zu füllen. Dieser hatte die Familie für eine andere Frau verlassen und den Kontakt zu seiner Tochter daraufhin abgebrochen. Geriet die Patientin in entsprechende Versuchungssituationen, zog sie es vor, auf Nummer sicher zu gehen, sich zu verschließen und die Dinge mit sich selbst auszumachen. In der mittleren Phase ihrer Analyse eröffnet sie eine Stunde mit einem langen Schweigen. Währenddessen lässt sie ihre Hand immer wieder tastend über die Couch gleiten. Dabei wirkt sie in Gedanken versunken. Dann sagt sie mit ruhiger Stimme: »Ich hab mich grad gefragt, wie viele Patienten hier wohl so am Tag bei Ihnen liegen?« Der Analytiker antwortet: »*Bei* mir liegen?« Die Patientin muss lachen. In der verbleibenden Stunde kann sie sich vergleichsweise angstfrei auf eine Erkundung dessen einlassen, was ihr zum Beieinanderliegen einfällt.

Der skizzierte Ausschnitt illustriert eine Öffnungsbewegung. Nach einen längeren schweigenden Verschlossenbleiben, welches die Patientin zu einer sprachlos-tastenden Kontaktaufnahme nutzt, wird eine auf den ersten Blick recht harmlose Frage vom Analytiker nicht etwa eindeutig beantwortet (»im Schnitt sechs Patienten täglich«), unmissverständlich zurückgewiesen (»das werde ich Ihnen nicht sagen«) oder mit einer hilflosen, sich ans bewusste Ich der Patientin richtenden Gegenfrage pariert (»warum kommt Ihnen diese Frage jetzt?«). Der Analytiker widersteht der Versuchung, rasch ein vermeintliches Bedürfnis nach Information zu stillen oder sich in den Ich-Leistungen seiner Patientin zu verfangen. Vielmehr folgt er der

»sexuellen Pragmatik« (Laplanche, 1991/1996, S. 187) des Wunsches, der die Kommunikation antreibt, und erlaubt dem mehrdeutigen Text der Patientin ebenso zu wirken, wie wir es als Lesende dem Karl-May-Text in Kapitel 5.1 erlaubten. Der Analytiker bietet der Patientin einen (Leer-)Raum an, einen Bottich, in welchem sie die unbewussten Wirkabsichten ihrer Mitteilungen unterbringen kann. Er ermöglicht ihr, sich mit ihren unbewussten Wünschen an ihn zu wenden.

Die Intervention des Analytikers scheint einen dringlichen Punkt zu treffen, insofern sie zu einer unmittelbaren emotionalen Reaktion führt. Das Lachen ist dabei keine bagatellisierende Abwehrgeste, sondern Ausdruck einer Vitalisierung: Die Belebung der Beziehung zum Analytiker geht so ganz beiläufig auch mit einer körperlichen Entspannung einher. Eine in vielen Stunden davor immer wieder beobachtete Blockierung der Patientin (»Widerstand«) erscheint in der Folge aufgehoben, und ein emotionaler Prozess kann sich in Bewegung setzen. Die Szene beginnt vor dem Hintergrund der Lebens- und Konfliktgeschichte der Patientin zunehmend zwischen der manifesten Sphäre des Stundenplans des Analytikers und der latenten Sphäre des Infantilen und Sexuellen zu changieren. Beide Sphären werden dabei nicht vereindeutigend gegeneinander ausgespielt (»was Sie eigentlich mit Ihrer Frage meinen, ist doch vielmehr ...«), sondern in ihrer gegenseitigen Durchdringung (»Übertragung«) stehen gelassen. Das vom Analytiker angebotene Behandlungsmodell – »Bottich« – scheint in diesem Fall gut zum Behandlungsanliegen der Patientin – »nicht mehr ständig auf Nummer sicher gehen müssen«, also angstfreier lieben und begehren zu können – zu passen.

Die Deutung des Analytikers (»*Bei* mir liegen?«) folgt nicht dem Modell eines interpretierenden Aus-Deutens, welches die von der Patientin vorgebrachten Mehrdeutigkeiten zu einer eindeutigen Gestalt organisiert, sondern kann – mit Laplanche (1998, S. 607) – vielmehr als ein »An-deuten« oder ein »Deuten auf« im Sinne eines hinweisenden Anzeigens verstanden werden. Dabei wird nicht Hunger (nach Wissen, Einsicht etc.) gestillt, sondern Appetit angeregt. Daher wird dieser Interventionstypus oft auch als »ungesättigte Deutung«

(Will, 2016) bezeichnet. Indem sie mit der Aktivierung des Libidinösen spielen, haben ungesättigte Deutungen etwas Dynamisierendes und Stimulierendes. Sie setzen etwas in Gang, machen Lust auf mehr und verführen Patientinnen und Patienten dazu, Assoziationen zu verfolgen, die sie ansonsten möglicherweise für unpassend halten und darum besser mit sich selbst ausmachen würden. Erst so wird es möglich, in der Auseinandersetzung mit seinem Analytiker oder seiner Analytikerin zu entdecken, dass man (auch) anderen Wünschen folgt, als man selbst bewusst glaubt. Das Beispiel illustriert, dass es der Deutung nicht darum geht, eine Bewegung abzuschließen, sondern vielmehr darum, Bewegung anzuregen und dabei die Übertragung voranzutreiben. Damit dies gelingen kann, muss der analytische Raum einen »Tummelplatz« (Freud, 1914g, S. 134), einen Spiel-Raum, zur Verfügung stellen, in welchem es möglich ist, auch mit dem Infantilen, Unsinnigen und Perversen zu flirten.

Überhaupt scheinen ungesättigte Deutungen eine gewisse strukturelle Verwandtschaft mit dem Flirten aufzuweisen, wenn wir darunter die Fähigkeit verstehen, jegliche Mitteilung eines Anderen taktvoll auf ihre erotischen Mehrdeutigkeiten hin auszuschöpfen und den Anderen dabei zur absichtlichen oder unabsichtlichen Produktion von weiteren Mehrdeutigkeiten anzuregen (Rugenstein, 2019b): Es geht um das Spiel mit jenen Zweideutigkeiten, von denen Freud (1905e, S. 226, Anm.) sagt, dass sie für den Assoziationsverlauf der analytischen Eisenbahnreise wie Weichen seien. Stelle man diese anders, als sie in der manifesten Erzählung des Patienten eingestellt seien, so gelange man auf das Gleis des unbewussten Wunsches. Das durch die analytische Grundregel von den Beschränkungen der Alltagskonversation entbundene Reden erweist sich damit – nach dem Modell des Traums verstanden – als eine Kompromissbildung aus unbewusstem Wunsch und ichgerechter Abwehr. »Nur daß man den Reden«, so Freud (1907a, S. 113), »diesen doppelten Ursprung leichter anmerkt als etwa den Handlungen, und wenn es gelingt, was die Schmiegsamkeit des Materials der Rede oftmals ermöglicht, in der nämlichen Fügung von Worten jedem der beiden Redeabsichten guten Ausdruck zu verschaffen, dann liegt das vor, was wir eine ›Zweideutigkeit‹ heißen«. Ihre Elastizität und Schmiegsamkeit prädestiniert die Sprache dazu, als hauptsächliches Medium des doppelbödigen Dialogs der analytischen Sitzung zu fungieren.

»Verführung zur schamlosen Rede« nannten Krutzenbichler und Essers (2010, S. 122) das freie Assoziieren. Ähnlich wie der Flirt, der Traum oder die Fiktionalität der Literatur schafft die psychoanalytische Grundregel einen Rahmen, in welchem dem unbewussten Sexuellen ein freierer Zugang zur Sprache möglich ist. Dem Analytiker kommt innerhalb dieses Rahmens die Aufgabe zu, den »beiden Redeabsichten« des Analysanden Raum zu geben, in dem sie sich entfalten können. Es geht also nicht darum, das Sexuelle zur Sprache zu bringen, sondern darum, das Sexuelle zur Sprache kommen zu lassen. Der Analytiker bedarf neben eines sensiblen Ohrs für Mehrdeutigkeiten auch eines guten Kontakts mit der eigenen inneren Alterität, mit dem Rätsel, das er sich selbst ist und hoffentlich auch bleibt, um einen Zugang zu der hier ins Auge gefassten Form von zweideutiger – mit Laplanche (2000, S. 62) können wir auch sagen: »zweideutig[er], kurz: rätselhaft[er]« – Kommunikation zu finden.

5.4 In der Übertragungsliebe

Eine Konsequenz der Doppelbödigkeit des analytischen Dialogs ist das mehr oder weniger zwangsläufige Auftauchen nicht nur von zärtlichen Gefühlen der Zuneigung und Bindung, welche wir als Bond-Komponente der therapeutischen Allianz (Bordin, 1979) konzeptualisieren können, sondern auch von leidenschaftlichen Gefühlen der Liebe, des Begehrens und der gegen diese errichteten Abwehrmaßnahmen im Laufe des analytischen Prozesses. Freud (1914d, S. 50) spricht von der »Tatsache der grob sexuell betonten, zärtlichen oder feindseligen Übertragung, die sich bei jeder Neurosenbehandlung einstellt, obwohl sie von keinem Teil gewünscht oder herbeigeführt wird«. Das von Freud Übertragungsliebe genannte Phänomen – er spricht wohlgemerkt weder von Übertragungssexualität noch von Übertragungserotik – wird weder vom Analysanden noch vom Analytiker aktiv herbeigeführt, sondern vielmehr »durch die analytische Situation erzwungen« (Freud, 1915a, S. 308) und »provoziert« (S. 317). Die Übertragungsliebe scheint also weder ein Ausnahmefall noch eine Nebenwirkung zu sein, sondern das, worauf es ein analytisches Arbeiten im Bottich abgesehen hat.

Im Bottich werden Patientinnen und Patienten dazu angeregt, sich mit ihren Wünschen und mit ihrem Begehren an ihre Analytikerinnen und Analytiker zu richten. Freud ging dabei so weit, vom Analytiker zu verlangen, dass er sich als ein Objekt anbiete, um welches der Patient »liebend sich bewerben muß« (Nunberg u. Federn, 1977, S. 407), damit sich der Prozess der Genesung »in einem Liebesrezidiv« (Freud, 1907a, S. 118) vollziehen könne. »Jede psychoanalytische Behandlung«, so Freud (1907a, S. 118), sei »ein Versuch, verdrängte Liebe zu befreien«, also etwas im weitesten Sinne Sexuelles zu entbinden.

Freuds entsprechende Ratschläge zur Technik der Psychoanalyse beinhalten die bedenkenswerte Aufforderung an Analytikerinnen und Analytiker, mit der Übertragungsliebe nicht rasch fertig zu werden, sondern die »Kur trotz dieser Liebesübertragung und durch diese hindurch« (Freud, 1915a, S. 311) zu führen. Es kann folglich nicht darum gehen, die Übertragungsliebe als ein zu umschiffendes oder rasch aus dem Weg zu räumendes Hindernis zu betrachten. Die Behandlung, wie Freud sagt, durch die Übertragungsliebe hindurchzuführen, impliziert, die Behandlung in sie hineinzuführen. Die von verschiedenen Autoren getroffene Unterscheidung zwischen einer »Analyse *der* Übertragung« und einer »Analyse *in* der Übertragung« (Laplanche, 1991/1996), zwischen der analytischen »Arbeit *an* der Übertragung« und der »Arbeit *in* der Übertragung« (Körner, 1989) bzw. zwischen dem »Deuten der Übertragung« und dem »Deuten in der Übertragung« (Borens, 1988) lässt sich in diesem Sinne auf die Übertragungsliebe anwenden. Freuds technische Ratschläge legen es Analytikerinnen und Analytikern nahe, Triebwünsche, welche der Analysand an den Analytiker richtet, anders zu handhaben, als man es konventionellerweise im alltäglichen Umgang miteinander täte: Aus dem Sexuellen stammenden Wünsche sollen in der Analyse – wie im Beispiel in Kapitel 5.3 demonstriert – weder dadurch, dass man sie befriedigt, noch dadurch, dass man sie zurückweist, zum Verschwinden gebracht werden, sondern mit ihnen gilt es umzugehen wie mit einem Traum oder wie mit einem fiktionalen Text.

Die Analyse, wie Freud es formulierte, durch die Übertragungsliebe *hindurch*zuführen, bedeutet für den Analytiker aber nicht, dass er es sich behaglich in der vermeintlichen Position des »Geliebten« einrichten kann oder soll. *In* der Übertragungsliebe zu deuten impliziert – im doppelten Sinne – auch *aus der Übertragungsliebe heraus* zu deuten. Die Trennung vom Analytiker und von der Analyse soll es Patientinnen und Patienten ermöglichen, ihre »wiedergewonnene Liebesfähigkeit« (Freud, 1907a, S. 119) nicht in der Analyse, sondern im (neuen) Leben zu verwenden. Laplanche (1991/1996, S. 195) spricht hier von der »Übertragung der Übertragung«. Eine nicht zu vernachlässigende Pointe der ebenso emanzipatorischen wie subversiven Bewegung, welche in einer Psychoanalyse in Gang gesetzt wird, besteht dabei darin, dass angstfreier zu lieben und zu begehren möglicherweise auch bedeutet, dies unangepasster und unvernünftiger zu tun.

5.5 Begehren und Abstinenz des Analytikers

Der Analytiker begehrt die Analyse und verführt deswegen Patientinnen und Patienten zur Analyse und nicht dazu, mit ihm einen Wein trinken zu gehen: »Der Analysand liebt den Analytiker; der Analytiker liebt die Analyse«, so lautet eine geläufige Gedankenfigur (Bataille, 1980/1986), welche sich auf Freuds Chirurgenmetapher berufen kann: Wie es dem Chirurgen weniger um das Wohlergehen des Patienten als um das Wohlergehen der Operation gehe, so solle es auch das Ziel des Analytikers sein, die Analyse »so kunstgerecht als möglich zu vollziehen« (Freud, 1912e, S. 381). Doch bedenken wir, dass das Operationswerkzeug des Analytiker-Chirurgen ein hocherotisches ist, wie Freud (1974a, S. 102) unterstellt, wenn er »von der Liebe, mit der wir [Analytiker] operieren«, spricht. Das Arbeiten mit einem derart komplizierten Instrument kann durchaus verunsichernd sein und die etwas schwammige Frage, ob »das« noch »okay« sei, begleitet einen dabei auf Schritt und Tritt: Handelt es sich bei einem bestimmten Erleben und Verhalten noch um eine jener Formen der Überschreitung der üblichen gesellschaftlichen Konventionen, von denen Cremerius (1984, S. 797) sagte, dass die Psychoanalyse sie »von der Methode her fordert«, oder bereits um eine jener Formen des destruktiven, therapeutisches Arbeiten verunmöglichenden Verletzens von Grenzen, für welche die Geschichte der Psychoanalyse leider zahlreiche – von Krutzenbichler und Essers (2010) zusammengetragene – Beispiele liefert?

Eine sichere Antwort auf derartige Fragen geben zu können, setzt das Vorhandensein einer klar und verbindlich bestimmbaren Grenzlinie voraus. Doch diese kann nicht so messerscharf gezogen werden, wie wir es oft gern hätten. Vor uns eröffnet sich vielmehr ein ebenso weitläufiges wie morastiges Grenzgebiet, angesichts dessen es zwar möglich ist, zu bestimmen, was jenseits des Morasts und damit zweifelsfrei auch jenseits der Grenze liegt: Küsse, »petting-parties« (Freud, 1992g, S. 273) und Geschlechtsverkehr zum Beispiel, kurz: die *chose génitale*. Ebenso können wir angeben, was sich gewiss diesseits des Morasts befindet: zum Beispiel, wenn wir auf Nummer sicher gehend unseren Patientinnen und Patienten (auch außerhalb von Coronazeiten) zur Begrüßung besser nicht die Hand geben. Doch diese vermeintlichen Sicherheiten entbinden uns gerade nicht von der Zumutung, dass lebendige Psychoanalyse weder im gefahrlosen Diesseits noch im destruktiven Jenseits der Grenze stattfindet, sondern mitten im Grenzbereich, mitten im Bottich.

5.6 Die Erotik des Nichtwissens

Mit der Brust im Mund, so sagt man, denke es sich nicht besonders gut. Die Abwesenheit der realen Brust und der realen Milch sind nicht nur, wie Bion (1962/1990) unterstellt, Voraussetzung für die Entwicklung des Denkens, sondern zugleich auch Möglichkeitsbedingung des Wünschens: Erst das Fehlen von etwas lässt uns zu Wünschenden werden. Die Psychoanalyse folgt einer Ethik der Versagung, einer Ethik, in der gilt: Weniger hilft mehr (Rugenstein, 2019a).

Patientinnen und Patienten kommen in der Regel mit drängenden Fragen in eine Analyse: »Was habe ich?«, »Was kann ich (dagegen) machen?«, »Wie soll ich mich entscheiden?«, »Wie soll es in meinem Leben weitergehen?«. Dem Analytiker wird dabei das Wissen unterstellt, über Antworten auf diese Fragen zu verfügen. Lacan (1964/1978, S. 242 ff.) spricht vom *sujet supposé savoir*, vom Subjekt, dem Wissen unterstellt wird. Laplanche (1991/1996) griff diese Formulierung auf, um darauf hinzuweisen, dass es wesentlicher Bestandteil der analytischen Haltung sei, sich dieses Wissen zu versagen: Der Analytiker wünscht seinen Patienten Gutes, beansprucht aber nicht die Position desjenigen, der weiß, was das Gute für seine Patienten sei.

Wir können Wissen – weder als Therapeuten noch als Lehrende – nicht einfach anderen in derselben Art und Weise einflößen wie Nahrung. Was wir vermögen, ist einen ungesättigten Raum zur Verfügung zu stellen, in welchem es möglich ist, zu entdecken, also Appetit zu bekommen. Eros, so lehrt uns die Priesterin Diotima in Platons »Symposion«, ist »etwas mitteninne« (symp. 202a) zwischen dem Haben und dem Nichthaben. So wie Analysand und Analytiker sich weder einfach haben noch einfach nicht haben, genauso kann derjenige, der die Analyse liebt, sie nicht einfach haben. Die Analyse bringt nicht nur Patienten, sondern hoffentlich auch uns Analytiker immer wieder vor die Erfahrung des Neuen, für das wir kein Wissen haben. Es gilt somit nicht nur im Behandlungszimmer, sondern auch in psychoanalytischen Ausbildungs- und Forschungsinstitutionen, Wunsch und

Begehren lebendig zu erhalten und nicht in einer abgeschlossenen Selbsttheoretisierung und in einem endgültig feststehenden Wissen zum Verschwinden zu bringen.

Es geht der Psychoanalyse nicht darum, unbewusste Wünsche zu erfüllen, sondern darum, sie kenntlich werden zu lassen. Und so winken denn am vermeintlichen Ende einer Analyse auch kein Höhepunkt und keine Sättigung, sondern das, was Freud (1905d, S. 79) mit dem letzten Satz der »Drei Abhandlungen« paradigmatisch zwischen sich und seinen Leserinnen und Lesern in Szene gesetzt hat: ein »unbefriedigende[r] Schluß«, eine inspirierende Frustration, ein »erhellendes Scheitern« (Passett, 2005, S. 37). Am Ende sollte immer etwas zu wünschen übrig gelassen werden.

6 Das Sexuelle in der Psychoanalyse: Zehn Prinzipien

1. **Bleibe offen für das Andere:** Definitionen und Theorien menschlicher Sexualität hinterlassen immer einen irreduziblen Rest, den sie nicht greifen können.

2. **Interessiere dich für das infantile Sexuelle im Erwachsenen:** Das Sexuelle ist der unbewusste Rückstand, der bleibt, wenn wir im Laufe unserer Lebensgeschichte unsere Sexualität organisieren, indem wir uns einen Reim darauf zu machen versuchen, wer wir sind und was wir von wem begehren. Das Sexuelle ist das, was in diese Organisation nicht eingeht und sie daher stört, durcheinanderbringt und untergräbt. Es ist das, was uns verwirrt und uns zugleich antreibt, Neues zu finden.

3. **Denke intersubjektiv:** Der Trieb und das sexuelle Unbewusste sind nichts Angeborenes, sondern konstituieren (bzw. revitalisieren) sich im Austausch des Subjekts (bzw. des Analysanden) mit dem Anderen (bzw. dem Analytiker).

4. **Schaffe Grenzen, um Überschreitung zu ermöglichen:** Garantiere Konstanz und stelle einen geschützten Raum zur Verfügung. Das therapeutisch hilfreiche Übertreten neurotischer Beschränkungen hinein ins Freie ist auf einen sicheren Rahmen angewiesen. Widerstehe den Versuchungen, die Spannung zwischen Grenze und Überschreitung durch Sterilisation der Psychoanalyse oder durch ein Abgleiten in sexuelle Aktion aufzulösen.

5. **Sei abstinent und verführe deine Patienten zur Analyse:** Das Begehren des Analytikers ist es, Analyse zu treiben.

6. **Begleite den Primärprozess und klebe nicht an den Ich-Leistungen deiner Patientinnen und Patienten.** Folge den fließenden, unsinnigen, unsauberen, unverständlichen Verbindungen des Primärprozesses, nicht den organisierten, nachvollziehbaren und logischen Zusammenhängen des Sekundärprozesses.

7. **Halte das Sexuelle in der Übertragung aufrecht,** ohne es in organisierte Sexualität zu verfestigen.

8. **Sei zweideutig und rege Bewegung an:** Gehe deutend auf den Punkt der emotionalen Dringlichkeit ein und rege so die freie Assoziation und die freischwebende Vitalität des Sexuellen an.

9. **Arbeite in der Übertragungsliebe:** Deute in der Übertragungsliebe und aus der Übertragungsliebe heraus.

10. **Handle stets so, dass du zu wünschen übrig lässt.**

Literatur

Abraham, K. (1924). Versuch einer Entwicklungsgeschichte der Libido auf Grund der Psychoanalyse seelischer Störungen. Wien: Internationaler Psychoanalytischer Verlag.

Aichhorn, T. (2019). »Freud arbeiten lassen«. Die Dynamisierung der Sexualtheorie durch Jean Laplanche. Eine Einführung. Frankfurt a. M.: Brandes & Apsel.

Altmeyer, M., Thomä, H. (2006). Vorbemerkung der Herausgeber. In M. Altmeyer, H. Thomä, Die vernetzte Seele. Die intersubjektive Wende in der Psychoanalyse. Stuttgart: Klett-Cotta.

Balint, M. (1937). Frühe Entwicklungsstadien des Ich: Primäre Objektliebe. Imago, 23, 270–288.

Barker, L. C. (2015). »Toujours la chose génitale«: Charcot, Freud, and the etiology of hysteria in the late 19th century. University of Toronto Medical Journal, 93, 9–13.

Bataille, L. (1980/1986). Das Begehren des Analytikers und das Begehren, Analytiker zu sein. Der Wunderblock, 15, 5–8.

Béjin, A. (1984). Niedergang der Psychoanalytiker, Aufstieg der Sexologen. In P. Ariès, A. Béjin (Hrsg.), Die Masken des Begehrens und die Metamorphosen der Sinnlichkeit. Zur Geschichte der Sexualität im Abendland (S. 226–252). Frankfurt a. M.: Fischer.

Bion, W. R. (1962/1990). Lernen durch Erfahrung. Frankfurt a. M.: Suhrkamp.

Bohleber, W. (2019). Von der Orthodoxie zur Pluralität. Kontroversen über Schlüsselbegriffe der Psychoanalyse. Göttingen: Vandenhoeck & Ruprecht.

Bollas, C. (2006). Übertragungsdeutung als ein Widerstand gegen die freie Assoziation. Psyche – Zeitschrift für Psychoanalyse und ihre Anwendungen, 60, 932–947.

Borck, C. (1995). Sexualität I. Von der Antike bis zur Etablierung des Terminus. In J. Ritter, K. Gründer, G. Gabriel (Hrsg.), Historisches Wörterbuch der Philosophie, Bd. 9 (Sp. 725–730). Darmstadt: Wissenschaftliche Buchgesellschaft.

Bordin, E. S. (1979). The generalizability of the psychoanalytic concept of the working alliance. Psychotherapy, 16, 252–260.

Borens, R. (1988). Deutung der Übertragung oder Deutung in der Übertragung. Riss, 3, 22–41.

Bowlby, J. (1958). The nature of the child's tie to his mother. International Journal of Psycho-Analysis, 39, 350–373.

Charcot, J.-M. (1887/1886). Neue Vorlesungen über die Krankheiten des Nervensystems, insbesondere über Hysterie (Übersetzung von S. Freud). Leipzig: Toeplitz & Deuticke.

Charcot, J.-M. (1988). Briefe an S. Freud. In A. de Mijolla, Les lettres de Jean-Martin Charcot à Sigmund Freud (1886–1893). Le crépuscule d'un dieu. Revue française de psychanalyse, 52, 702–723.

Cremerius, J. (1984). Die psychoanalytische Abstinenzregel. Vom regelhaften zum operationalen Gebrauch. Psyche – Zeitschrift für Psychoanalyse und ihre Anwendungen, 38, 769–800.

Davies, J. K., Fichtner, G. (Hrsg.) (2006). Freuds Bibliothek. Vollständiger Katalog. Tübingen: Edition diskord.

Didi-Huberman, G. (1982/1997). Erfindung der Hysterie. Die photographische Klinik von Jean-Martin Charcot. München: Fink.

Eder, F. X. (2009). Kultur der Begierde. Eine Geschichte der Sexualität (2., erweiterte Auflage). München: Beck.

Ferenczi, S. (1933/1964). Sprachverwirrung zwischen dem Kind und dem Erwachsenen (Die Sprache der Zärtlichkeit und der Leidenschaft). In S. Ferenczi, Bausteine zur Psychoanalyse, Bd. III (S. 511–525). Bern: Huber.

Foucault, M. (1976/1977). Sexualität und Wahrheit. Erster Band: Der Wille zum Wissen. Frankfurt a. M.: Suhrkamp.

Freud, S. (1892–94a). Übersetzung mit Vorwort des Übersetzers und Fußnoten von: Charcot, Jean-Martin, Leçons du mardi à la Salpêtrière (1887–88). Paris, 1888, unter dem Titel: Poliklinische Vorträge. GW Nachtragsband (S. 153–164). Frankfurt a. M.: Fischer.

Freud, S. (1893f). Charcot †. GW I (S. 21–35). London: Imago.

Freud, S. (1900a). Die Traumdeutung. GW II/III. London: Imago.

Freud, S. (1905d). Drei Abhandlungen zur Sexualtheorie (erste Auflage). Leipzig: Deuticke.

Freud, S. (1905d/1925). Drei Abhandlungen zur Sexualtheorie (sechste Auflage). GW V (S. 33–145). London: Imago.

Freud, S. (1905e). Bruchstück einer Hysterie-Analyse. GW V (S. 161–286). London: Imago.

Freud, S. (1907a). Der Wahn und die Träume in W. Jensens »Gradiva«. GW VII (S. 29–122). London: Imago.

Freud, S. (1908c). Über infantile Sexualtheorien. GW VII (S. 171–188). London: Imago.
Freud, S. (1909a). Allgemeines über den hysterischen Anfall. GW VII (S. 235–240). London: Imago.
Freud, S. (1910a). Über Psychoanalyse. Fünf Vorlesungen. GW VIII (S. 1–60). London: Imago.
Freud, S. (1910i). Die psychogene Sehstörung in psychoanalytischer Auffassung. GW VIII (S. 94–102). London: Imago.
Freud, S. (1910k). Über »wilde« Psychoanalyse. GW VIII (S. 118–125). London: Imago.
Freud, S. (1912d). Über die allgemeine Erniedrigung des Liebeslebens (Beiträge zur Psychologie des Liebeslebens II). GW VIII (S. 78–91). London: Imago.
Freud, S. (1912e). Ratschläge für den Arzt bei der psychoanalytischen Behandlung. GW VIII (S. 376–387). London: Imago.
Freud, S. (1913c). Zur Einleitung der Behandlung. GW VIII (S. 454–478). London: Imago.
Freud, S. (1914c). Zur Einführung des Narzißmus. GW X (S. 137–170). London: Imago.
Freud, S. (1914d). Zur Geschichte der psychoanalytischen Bewegung. GW X (S. 43–113). London: Imago.
Freud, S. (1914g). Erinnern, Wiederholen und Durcharbeiten. GW X (S. 126–136). London: Imago.
Freud, S. (1915a). Bemerkungen über die Übertragungsliebe. GW X (S. 306–321). London: Imago.
Freud, S. (1915c). Triebe und Triebschicksale. GW X (S. 210–232). London: Imago.
Freud, S. (1915e). Das Unbewusste. GW X (S. 264–303). London: Imago.
Freud, S. (1916–17a). Vorlesungen zur Einführung in die Psychoanalyse. GW XI. London: Imago.
Freud, S. (1919d). Einleitung [zu: Zur Psychoanalyse der Kriegsneurosen]. GW XII (S. 321–324). London: Imago.
Freud, S. (1920g). Jenseits des Lustprinzips. GW XIII (S. 1–69). London: Imago.
Freud, S. (1921c). Massenpsychologie und Ich-Analyse. GW XIII (S. 71–161). London: Imago.
Freud, S. (1923e). Die infantile Genitalorganisation (Eine Einschaltung in die Sexualtheorie). GW XIII (S. 293–298). London: Imago.
Freud, S. (1923j). Interview: »Une visite à Freud« [von R. Recouly]. Le Temps, 14.8.1923, 4–5.

Freud, S. (1925h). Die Verneinung. GW XIV (S. 11–15). London: Imago.
Freud, S. (1933a). Neue Folge der Vorlesungen zur Einführung in die Psychoanalyse. GW XV. London: Imago.
Freud, S. (1940a). Abriß der Psychoanalyse. GW XVII (S. 63–138). London: Imago.
Freud, S. (1950c). Entwurf einer Psychologie. GW Nachtragsband (S. 387–477). Frankfurt a. M.: Fischer.
Freud, S. (1956a). Bericht über meine mit Universitäts-Jubiläums-Reisestipendium unternommene Studienreise nach Paris und Berlin October 1885 – Ende März 1886. GW Nachtragsband (S. 34–44). Frankfurt a. M.: Fischer.
Freud, S. (1960a). Briefe 1873–1939 (2., erweiterte Auflage). Frankfurt a. M.: Fischer.
Freud, S. (1974a). Briefe an C. G. Jung. In S. Freud, C. G. Jung, Briefwechsel. Frankfurt a. M.: Fischer.
Freud, S. (1985c). Briefe an Wilhelm Fließ 1887–1904. Frankfurt a. M.: Fischer.
Freud, S. (1992g). Briefe an Sándor Ferenczi. In S. Freud, S. Ferenczi, Briefwechsel. Band III/2 (1925–1933). Wien: Böhlau.
Gay, P. (1989). Freud. Eine Biographie für unsere Zeit. Frankfurt a. M.: Fischer.
Goethe, J. W. (1820). Zur Naturwissenschaft überhaupt, besonders zur Morphologie. Erfahrung, Betrachtung, Folgerung, durch Lebensereignisse verbunden. Ersten Bandes, drittes Heft. Stuttgart: Cotta.
Greenberg, J. R., Mitchell, S. A. (1983). Object relations in psychoanalytic theory. Cambridge: Harvard University Press.
Henschel, A. (1820). Von der Sexualität der Pflanzen. Breslau: Korn.
Holmes, J. (1998). The changing aims of psychoanalytic psychotherapy. An integrative perspective. International Journal of Psycho-Analysis, 79, 227–240.
Hustvedt, A. (2011). Medical muses. Hysteria in nineteenth century Paris. London: Bloomsbury.
Kaan, H. (1844). Psychopathia sexualis. Leipzig: Voss.
Kern, S. (1973). Freud and the discovery of child sexuality. History of Childhood Quarterly, 1, 117–141.
Kinsey, A. C., Pomeroy, W. B., Martin, C. E., Gebhard, P. H. (1954). Das sexuelle Verhalten der Frau. Berlin: G. B. Fischer.
Klein, M. (1932). Die Psychoanalyse des Kindes. Wien: Internationaler Psychoanalytischer Verlag.

Körner, J. (1989). Arbeit an der Übertragung? Arbeit in der Übertragung! Forum der Psychoanalyse, 5, 209–223.
Krafft-Ebing, R. v. (1886). Psychopathia sexualis. Eine klinisch-forensische Studie. Stuttgart: Enke.
Krutzenbichler, S., Essers, H. (2010). Übertragungsliebe. Psychoanalytische Erkundungen zu einem brisanten Phänomen. Gießen: Psychosozial-Verlag.
Lacan, J. (1964/1978). Das Seminar Buch XI. Die vier Grundbegriffe der Psychoanalyse. Olten: Walter.
Lacan, J. (1966/2015). Position des Unbewussten. In J. Lacan, Schriften II (S. 360–395). Wien: Turia+Kant.
Laplanche, J. (1970). Marcuse und die Psychoanalyse. Berlin: Merve.
Laplanche, J. (1970/1974). Leben und Tod in der Psychoanalyse. Olten: Walter.
Laplanche, J. (1987). Problématiques V: Le baquet. Transcendance du transfert. Paris: PUF.
Laplanche, J. (1987/2011). Neue Grundlagen für die Psychoanalyse. Die Urverführung. Gießen: Psychosozial-Verlag.
Laplanche, J. (1991/1996). Von der Übertragung und ihrer Provokation durch den Analytiker. In J. Laplanche, Die unvollendete kopernikanische Revolution in der Psychoanalyse (S. 177–201). Frankfurt a. M.: Fischer.
Laplanche, J. (1993/2021). Ein biologischer Irrweg in Freuds Sexualtheorie. Gießen: Psychosozial-Verlag.
Laplanche, J. (1996). Der (sogenannte) Todestrieb: ein sexueller Trieb. Zeitschrift für psychoanalytische Theorie und Praxis, 11, 10–26.
Laplanche, J. (1998). Die Psychoanalyse als Anti-Hermeneutik. Psyche – Zeitschrift für Psychoanalyse und ihre Anwendungen, 52, 605–618.
Laplanche, J. (2000). Sollen wir das siebte Kapitel neu schreiben? In J. Körner, S. Krutzenbichler (Hrsg.), Der Traum in der Psychoanalyse (S. 49–72). Göttingen: Vandenhoeck & Ruprecht.
Laplanche, J. (2000a/2017). Trieb und Instinkt. In J. Laplanche, Sexual. Eine im Freud'schen Sinne erweiterte Sexualtheorie (S. 17–32). Gießen: Psychosozial-Verlag.
Laplanche, J. (2000b/2017). Sexualität und Bindung in der Metapsychologie. In J. Laplanche, Sexual. Eine im Freud'schen Sinne erweiterte Sexualtheorie (S. 33–52). Gießen: Psychosozial-Verlag.
Laplanche, J. (2003/2017). Gender, Geschlecht und Sexual. In J. Laplanche, Sexual. Eine im Freud'schen Sinne erweiterte Sexualtheorie (S. 137–171). Gießen: Psychosozial-Verlag.

Laplanche, J. (2004a). Die rätselhaften Botschaften des Anderen und ihre Konsequenz für den Begriff des »Unbewußten« im Rahmen der Allgemeinen Verführungstheorie. Psyche – Zeitschrift für Psychoanalyse und ihre Anwendungen, 58, 898–913.
Laplanche, J. (2004b). Ausgehend von der anthropologischen Grundsituation. In L. Bayer, I. Quindeau (Hrsg.), Die unbewußte Botschaft der Verführung. Interdisziplinäre Studien zur Verführungstheorie Jean Laplanches (S. 17–30). Gießen: Psychosozial-Verlag.
Laplanche, J. (2007/2017). Sexual. Eine im Freud'schen Sinne erweiterte Sexualtheorie. Gießen: Psychosozial-Verlag.
Laqueur, T. (1990/1992). Auf den Leib geschrieben. Die Inszenierung der Geschlechter von der Antike bis Freud. Frankfurt a. M.: Campus.
Lichtenberg, J. D. (1989). Psychoanalysis and motivation. Hilldale: Analytic Press.
Lorenzer, A. (1984). Intimität und soziales Leid. Archäologie der Psychoanalyse. Frankfurt a. M.: Fischer.
May, K. (1897). »Weihnacht!«. Freiburg: Fehsenfeld.
Morgenthaler, F. (1984). Sexualität und Psychoanalyse. In F. Morgenthaler, Homosexualität Heterosexualität Perversion (S. 137–165). Frankfurt a. M.: Qumran.
Morgenthaler, F. (1985). Die Disharmonie zwischen Triebhaftigkeit und Sexualität. In V. Friedrich, H. Ferstl (Hrsg.), Bruchstellen in der Psychoanalyse. Neuere Arbeiten zur Theorie und Praxis (S. 149–171). Eschborn: Fachbuchhandlung für Psychologie.
Morlock, F. (2007). The very picture of a primal scene: une leçon clinique à la Salpêtrière. Visual Resources, 23, 129–146.
Müller-Pozzi, H. (1991). Psychoanalytisches Denken. Eine Einführung. Bern: Huber.
Müller-Pozzi, H. (2008). Eine Triebtheorie für unsere Zeit. Sexualität und Konflikt in der Psychoanalyse. Bern: Huber.
Müller-Pozzi, H. (2012). Der Andere und das Objekt. Zur Metapsychologie der frühen Objektbeziehung. Psyche – Zeitschrift für Psychoanalyse und ihre Anwendungen, 66, 61–84.
Nunberg, H., Federn, E. (Hrsg.) (1977). Protokolle der Wiener Psychoanalytischen Vereinigung. Bd. II, 1908–1910. Frankfurt a. M.: Fischer.
Padgug, R. A. (1979). Sexual matters: On conceptualizing sexuality in history. Radical History Review, 20, 3–23.
Parin, P. (1986). Die Verflüchtigung des Sexuellen in der Psychoanalyse. In Psychoanalytisches Seminar Zürich (Hrsg.), Sexualität (S. 11–22). Frankfurt a. M.: Syndikat.

Passett, P. (2001). Sexualität jenseits der Biologie – Hat der Pansexualismus der Psychoanalyse im Zeitalter der political correctness noch eine Zukunft? In A. Karger, O. Knellessen, G. Lettau, C. Weismüller (Hrsg.), Sexuelle Übergriffe in Psychoanalyse und Psychotherapie (S. 83–107). Göttingen: Vandenhoeck & Ruprecht.

Passett, P. (2005). Ein psychoanalytisches Wiederlesen der »Drei Abhandlungen«. In I. Quindeau, V. Sigusch (Hrsg.), Freud und das Sexuelle. Neue psychoanalytische und sexualwissenschaftliche Perspektiven (S. 36–59). Frankfurt a. M.: Campus.

Passett, P. (2006). Sex und Theorie. Ein kritischer Vergleich der Sexualitätskonzepte von F. Morgenthaler und J. Laplanche. Journal für Psychoanalyse, 25/26, 364–377.

Phillips, A. (2002). Introduction. In S. Freud, Wild analysis (S. vii–xxvi). London: Penguin.

Pine, F. (1988). The four psychologies of psychoanalysis and their place in clinical work. Journal of the American Psychoanalytic Association, 36, 571–596.

Platon (1974). Symposion/Das Gastmahl. In: Werke. Hrsg. von G. Eigler. Bd. 3 (S. 209–393). Darmstadt: Wissenschaftliche Buchgesellschaft.

Portmann, A. (1956). Zoologie und das neue Bild vom Menschen. Biologische Fragmente zu einer Lehre vom Menschen. Hamburg: Rowohlt.

Quindeau, I. (2014). Sexualität. Gießen: Psychosozial-Verlag.

Raguse, H. (1992). »Freie Assoziation« als Sprache der Psychoanalyse – einige linguistische Reflexionen. Zeitschrift für psychoanalytische Theorie und Praxis, 7, 293–305.

Rapaport, D., Gill, M. M. (1959). The points of view and assumptions of metapsychology. International Journal of Psycho-Analysis, 40, 153–162.

Rugenstein, K. (2015). Negative Therapeutik. Von der Tugend des Nicht-Wissens. Paragrana. Internationale Zeitschrift für Historische Anthropologie, 24, 128–138.

Rugenstein, K. (2016). Zu einer tiefenpsychologischen Hermeneutik des Leibes. Paragrana. Internationale Zeitschrift für Historische Anthropologie, 25, 76–86.

Rugenstein, K. (2019a). Freie Assoziation und gleichschwebende Aufmerksamkeit. Arbeiten mit der psychoanalytischen Methode. Göttingen: Vandenhoeck & Ruprecht.

Rugenstein, K. (2019b). Deuten und Flirten. Zum Arbeiten in der Übertragungsliebe. Forum der Psychoanalyse, 35, 227–241.

Schmidt, A. (1963/1993). Sitara und der Weg dorthin. Bargfelder Ausgabe, Werkgruppe III, Bd. 2. Zürich: Haffmans.

Schmidt-Hellerau, C. (1995). Lebenstrieb & Todestrieb, Libido & Lethe. Ein formalisiertes konsistentes Modell der psychoanalytischen Trieb- und Strukturtheorie. Stuttgart: Verlag Internationale Psychoanalyse.

Sigusch, V. (1988). Was heißt kritische Sexualwissenschaft? Zeitschrift für Sexualforschung, 1, 1–29.

Sigusch, V. (2005a). Freud und die Sexualwissenschaft seiner Zeit. In I. Quindeau, V. Sigusch (Hrsg.), Freud und das Sexuelle. Neue psychoanalytische und sexualwissenschaftliche Perspektiven (S. 15–35). Frankfurt a. M.: Campus.

Sigusch, V. (2005b). Sexualwissenschaft als Fußnote. In M. Dannecker, A. Katzenbach (Hrsg.), 100 Jahre Freuds »Drei Abhandlungen zur Sexualtheorie«. Aktualität und Anspruch (S. 143–150). Gießen: Psychosozial-Verlag.

Sigusch, V. (Hrsg.) (2007). Sexuelle Störungen und ihre Behandlung (4. Auflage). Stuttgart: Thieme.

Sigusch, V. (2013). Sexualitäten. Eine kritische Theorie in 99 Fragmenten. Frankfurt a. M.: Campus.

Storck, T. (2018). Sexualität und Konflikt. Grundelemente psychodynamischen Denkens, Bd. 2. Stuttgart: Kohlhammer.

Strachey, J. (1953/1972). Editorische Vorbemerkung [zu den »Drei Abhandlungen zur Sexualtheorie«]. In S. Freud, Studienausgabe, Bd. V (S. 39–42). Frankfurt a. M.: Fischer.

Strachey, J. (1966). General preface. In The Standard Edition of the Complete Psychological Works of Sigmund Freud, Vol. I (S. xiii–xxvi). London: Hogarth Press.

Wetz, F. J. (1998). Trieb. In J. Ritter, K. Gründer, G. Gabriel (Hrsg.), Historisches Wörterbuch der Philosophie, Bd. 10 (Sp. 1483–1488). Darmstadt: Wissenschaftliche Buchgesellschaft.

Widlöcher, D. (2002). Primary love and infantile sexuality: An eternal debate. In D. Widlöcher (Ed.), Infantile sexuality and attachment. New York: Other Press.

Will, H. (2016). Ungesättigte und gesättigte Deutungen. Psyche – Zeitschrift für Psychoanalyse und ihre Anwendungen, 70, 2–23.

Zagermann, P. (1988). Eros und Thanatos. Psychoanalytische Untersuchungen zu einer Objektbeziehungstheorie der Triebe. Darmstadt: Wissenschaftliche Buchgesellschaft.

Zeuthen, K., Gammelgaard, J. (2010). Infantile sexuality – the concept, its history and place in contemporary psychoanalysis. Scandinavian Psychoanalytic Review, 33, 3–12.

WAS VERBIRGT SICH HINTER DEM BOOM: DIE EIGENTLICHEN WURZELN VON ACHTSAMKEIT

Ursula Baatz
Achtsamkeit
Der Boom – Hintergründe, Perspektiven, Praktiken

2021. Ca . 176 Seiten, kartoniert
ca. € 25,00 D | € 26,00 A
ISBN 978-3-525-45920-1

Erscheint im Oktober 2021

Achtsamkeit – »mindfulness« – ist zum Schlagwort geworden. Was steckt wirklich dahinter? Aus einer weitgehend unbekannten buddhistischen Meditationspraxis wurde eine Methode, die Psychotherapeutinnen und Psychotherapeuten, Krankenhäuser und auch das US-Militär anwenden. Ursula Baatz zeichnet die facettenreiche und faszinierende Geschichte dieser Transformation nach, gibt Auskunft über die neuesten neurowissenschaftlichen Erkenntnisse zu Achtsamkeit und fragt nach der Relevanz des buddhistischen Hintergrunds für den heutigen Achtsamkeitsboom.

Vandenhoeck & Ruprecht Verlage
www.vandenhoeck-ruprecht-verlage.com

SYMBIOTISCHE VERSTRICKUNG MIT DEM EIGENEN KIND: LIEBE ODER MISSBRAUCH?

Franco Biondi
Symbiotische Strickmuster zwischen inniger Liebe und Entwicklungstrauma
Psychodynamik und Behandlung

2021. 216 Seiten mit 11 Abb., kartoniert
€ 30,00 D | € 31,00 A
ISBN 978-3-525-40747-9

E-Book | E-Pub € 23,99 D | € 24,70 A

Wenn ein Elternteil aufgrund von Traumafolgestörungen sein Kind als Instrument für die eigenen Bedürfnisse oder Zwänge missbraucht, hat dies negative Folgen bis ins Erwachsenenalter. Symbiotisch missbrauchte Menschen leiden an diesen Intimitätsgrenzverletzungen und haben Schwierigkeiten, das Eigene angemessen zu empfinden sowie sich abzugrenzen und mit Aggressionsimpulsen umzugehen. Franco Biondi setzt sich in diesem Buch mit der Psychodynamik symbiotischer Verstrickungsmuster auseinander und bettet sie in die Bindungstheorie, Entwicklungstraumatologie und systemische Ansätze ein. Zahlreiche Behandlungssequenzen veranschaulichen die Thematik.

www.vandenhoeck-ruprecht-verlage.com

Preisstand 28.1.2021

WILLKOMMEN IN DER WELT DER VERBOTE UND HINEIN INS SCHILDERVERGNÜGEN!

Dirk Purz
Einfahrt verboten?
Wie der Umgang mit
Vorschriften und Regeln gelingt.
Ein beschilderter Leitfaden

2021. 160 Seiten mit 23 Abb. und 39 Fotografien, kartoniert
€ 25,00 D | € 26,00 A
ISBN 978-3-525-40499-7

E-Book € 19,99 D | € 20,60 A

Angeregt durch die humorvoll und tiefsinnig umgestalteten Verkehrsschilder des Künstlers Clet Abraham erklärt Dirk Purz fundiert und leichtgängig, welche Funktion Verbote haben und wie sie auf unsere Psyche wirken. Manchmal rufen sie zum Widerstand auf, werden ignoriert und bewusst umgangen. Manchmal lässt es sich mit vorgegebenen Regeln aber auch gut leben und sie werden von Herzen begrüßt. Der Autor zeigt, wie facettenreich und entwicklungsfördernd der Umgang mit Verboten sein kann und wie sie so gestaltet werden können, dass einem reibungslosen Zusammenleben und Zusammenarbeiten nichts im Wege steht. Fragen zur Selbstreflexion runden diesen beschilderten Leitfaden ab.

www.vandenhoeck-ruprecht-verlage.com